KB232906

Go! Go! 日本語

최순애 · 성윤아 · 니노카미 마사미치

초급

탄탄한 일본어 학습!
한국으로 유학을 온 일본인 대학생들과 한국 학생들의 첫 만남
부터 그들이 학교에서 어울리면서 일어나는 다양한 일상생활의
대화를 도입해 자연스러운 일본어 회화를 접할 수 있는 회화
책입니다.

제이앤씨
Publishing Company

머리말

Go! Go! 일본어는 일본어를 처음 접하는 대학생들과 일반인들을 위한 교양일본어 교재이다.

한국으로 유학을 온 일본인 대학생들과 한국 학생들의 첫 만남부터 그들이 학교에서 어울리면서 일어나는 다양한 일상생활의 대화를 도입해 자연스러운 일본어 회화를 접할 수 있는 것이 이 책의 특징이다.

한 학기 수업 교재로 활용하기 위해 14과로 구성하였으며 일상 생활에서 쉽게 접할 수 있는 단어와 문장을 다룸으로써 이 한 권만 학습해도 기초적인 일상 회화가 가능할 수 있도록 했다. 처음 일본어 회화를 시작하는 학습자가 쉽게 문자를 터득할 수 있도록 문자 연습 노트를 별권으로 마련했으며, 각 문자의 정확하고 올바른 발음을 위한 해설 및 조음점을 나타낸 구강도 삽화 및 인터네이션 표시도 곁들였다. 그리고, 학생들이 일상 생활에서 사용하는 간단한 대화문과 더불어 사용 장면을 삽화로 제시해 상황에 맞는 일본어를 자연스럽게 인지할 수 있도록 유도했다.

각 과 본문에 들어가기 전에는 <회화point>를 두어 중요 기본 문형을 제시하여 보다 쉽게 회화의 기본을 다질 수 있게 하였다. 각 장면에 따른 회화 본문 뒤의 <문법알기>의 자세한 문법 사항의 해설을 통해 보다 쉽게 이해 할 수 있도록 하였으며, <문형다지기>에서는 기본 문형을 반복해 연습함으로써 자연스럽게 익숙해 질 수 있도록 유도했다. <연습해봅시다>에서는 앞에서 학습한 일본어를 확인할 수 있으며, <일본 문화상식> 코너를 두어 일본사회와 문화를 이해하고 관심을 가질 수 있도록 했다.

Go! Go! 일본어를 통해 문자를 읽는 재미, 일본어를 알아듣는 재미, 일본인과 즐겁게 대화하는 재미, 일본과 일본 문화를 이해하는 재미를 알아가길 간절히 바란다.

contents

Go! Go! 日本語
초급

제1과 ▌ 일본어 문자

일본어 문자(50음도)

　일본어는 한자(漢字), 히라가나(平仮名) 그리고 가타카나(片仮名)로 이루어진다. 7세기무렵부터 중국 한자를 빌려 일본어의 음을 표기했으나, 10세기경부터는 한자를 변형시킨 히라가나와 가타카나라는 고유문자를 사용하게 되었다. 히라가나는 한자의 초서체(草書体)에서 온 것으로 주로 고유 일본어를 표기한다.

　히라가나는 한자(남성의 문자라는 뜻으로 「男手」라고도 한다)에 비해 「平」는 평이하다는 뜻으로 커뮤니케이션 수단으로 소식이나 시를 짓는데 사용되다가 여류 작가들의 문학작품 창작에 많이 쓰여 「女手」라고도 불리운다.

　가타카나의 「片」는 불완전하다는 의미로 한자의 일부분을 따오거나 생략한데서 유래한다. 원래는 학승들이 한문으로 된 불교 경전 등의 뜻이나 읽는 방법을 표기하기 위해 사용되었으나, 현재는 외래어,의성어,의태어,일부 동식물 및 강조 어구 혹은 속어 등에 사용되고 있다.

　50음도란 일본어의 음절은 열거한 것으로, 가로에는 같은 모음의 음절을 모아 단(段),또는 열(列)이라 부르고, 세로에는 같은 자음의 음절을 모아 행(行)이라고 한다.

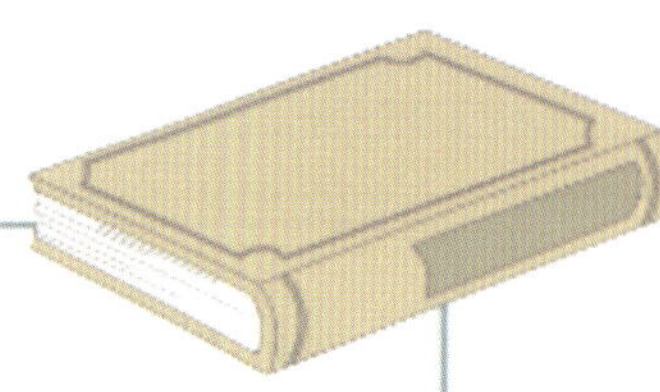

히라가나(ひらがな)

あ	a	い	i	う	u	え	e	お	o
か	ka	き	ki	く	ku	け	ke	こ	ko
さ	sa	し	shi	す	su	せ	se	そ	so
た	ta	ち	chi	つ	tsu	て	te	と	to
な	na	に	ni	ぬ	nu	ね	ne	の	no
は	ha	ひ	hi	ふ	hu	へ	he	ほ	ho
ま	ma	み	mi	む	mu	め	me	も	mo
や	ya			ゆ	yu			よ	yo
ら	ra	り	ri	る	ru	れ	re	ろ	ro
わ	wa	(ゐ)	(y)i			(ゑ)	(y)e	を	o
ん	n								

ア	a	イ	i	ウ	u	エ	e	オ	o
カ	ka	キ	ki	ク	ku	ケ	ke	コ	ko
サ	sa	シ	shi	ス	su	セ	se	ソ	so
タ	ta	チ	chi	ツ	tsu	テ	te	ト	to
ナ	na	ニ	ni	ヌ	nu	ネ	ne	ノ	no
ハ	ha	ヒ	hi	フ	hu	ヘ	he	ホ	ho
マ	ma	ミ	mi	ム	mu	メ	me	モ	mo
ヤ	ya			ユ	yu			ヨ	yo
ラ	ra	リ	ri	ル	ru	レ	re	ロ	ro
ワ	wa	(ヰ)	(y)i			(ヱ)	(y)e	ヲ	o
ン	n								

🎊 탁음(濁音)・반탁음(半濁音)・요음(拗音)

단(段) 행(行)	あ단		い단		う단		え단		お단	
탁음	が	ガ	ぎ	ギ	ぐ	グ	げ	ゲ	ご	ゴ
	ざ	ザ	じ	ジ	ず	ズ	ぜ	ゼ	ぞ	ゾ
	だ	ダ	ぢ	ヂ	づ	ヅ	で	デ	ど	ド
	ば	バ	び	ビ	ぶ	ブ	べ	ベ	ぼ	ボ

반탁음	ぱ	パ	ぴ	ピ	ぷ	プ	ぺ	ペ	ぽ	ポ

요음	きゃ	キャ		きゅ	キュ		きょ	キョ
	ぎゃ	ギャ		ぎゅ	ギュ		ぎょ	ギョ
	しゃ	シャ		しゅ	シュ		しょ	ショ
	じゃ	ジャ		じゅ	ジュ		じょ	ジョ
	ちゃ	チャ		ちゅ	チュ		ちょ	チョ
	(ぢゃ)	(ヂャ)		(ぢゅ)	(ヂュ)		(ぢょ)	(ヂョ)
	にゃ	ニャ		にゅ	ニュ		にょ	ニョ
	ひゃ	ヒャ		ひゅ	ヒュ		ひょ	ヒョ
	びゃ	ビャ		びゅ	ビュ		びょ	ビョ
	ぴゃ	ピャ		ぴゅ	ピュ		ぴょ	ピョ
	みゃ	ミャ		みゅ	ミュ		みょ	ミョ
	りゃ	リャ		りゅ	リュ		りょ	リョ

 ## 히라가나와 가타카나의 유래

  앞서 말했듯이 히라가나와 가타카나는 한자가 변형되어 생긴 문자이다. 어떤 한자에서 각각의 문자가 유래했는가를 살펴보자.

🖍 히라가나의 유래

あ단	い단	う단	え단	お단
あ〔安〕	い〔以〕	う〔宇〕	え〔衣〕	お〔於〕
か〔加〕	き〔幾〕	く〔久〕	け〔計〕	こ〔己〕
さ〔左〕	し〔之〕	す〔寸〕	せ〔世〕	そ〔曽〕
た〔太〕	ち〔知〕	つ〔川〕	て〔天〕	と〔止〕
な〔奈〕	に〔仁〕	ぬ〔奴〕	ね〔祢〕	の〔乃〕
は〔波〕	ひ〔比〕	ふ〔不〕	へ〔部〕	ほ〔保〕
ま〔末〕	み〔美〕	む〔武〕	め〔女〕	も〔毛〕
や〔也〕		ゆ〔由〕		よ〔与〕
ら〔良〕	り〔利〕	る〔留〕	れ〔礼〕	ろ〔呂〕
わ〔和〕	ゐ〔為〕		ゑ〔恵〕	を〔遠〕
ん〔无〕				

🖍 가타카나의 유래

ア단	イ단	ウ단	エ단	オ단
ア〔阿〕	イ〔伊〕	ウ〔宇〕	エ〔江〕	オ〔於〕
カ〔加〕	キ〔幾〕	ク〔久〕	ケ〔介〕	コ〔己〕
サ〔散〕	シ〔之〕	ス〔須〕	セ〔世〕	ソ〔曽〕
タ〔多〕	チ〔千〕	ツ〔川〕	テ〔天〕	ト〔止〕
ナ〔奈〕	ニ〔二〕	ヌ〔奴〕	ネ〔祢〕	ノ〔乃〕
ハ〔八〕	ヒ〔比〕	フ〔不〕	ヘ〔部〕	ホ〔保〕
マ〔万〕	ミ〔三〕	ム〔牟〕	メ〔女〕	モ〔毛〕
ヤ〔也〕		ユ〔由〕		ヨ〔与〕
ラ〔良〕	リ〔利〕	ル〔流〕	レ〔礼〕	ロ〔呂〕
ワ〔和〕				ヲ〔乎〕
ン〔尓〕				

한자에는 '훈(訓)'과 '음(音)'이 있으며 한국에서 한자를 읽을 때에는 음독을 하는 것이 일반적이다. 그러나 일본 한자를 읽을 때에는 중국어 발음이 일본어로 된 음독(音読)과 일본어 고유의 발음을 나타내는 훈독(訓読)의 방법이 있다. 또한 같은 한자라도 읽는 방법이 다양하므로 유의 해 학습해야 한다.

음독(音読)	そう(草)	しゃ(車)	じょう(上)	かい(会)	きゅう(休)
훈독(訓読)	くさ(草)	くるま(車)	うえ(上) かみ(上) うわ(上) のぼる(上る) あがる(上る)	え(絵) あう(会う)	やすむ(休む)

또한, 일본 한자는 중국 한자를 다음과 같이 약자체(新字体)로 사용한다.

정자체	國	學	體	應	變	辯
약자체	国	学	体	応	変	弁

그 밖에는 일본에서 새롭게 고안해 만든 국자(国字)라는 것이 있다.

국자	峠	辻	畑	喰	鱈
의미	고개	사거리	밭	먹다	대구(생선)

일본어를 처음 접하는 학습자는 히라가나와 가타카나 학습에만 치중하는 경향이 있다. 그러나 일본어는 그 기본이 한자이므로 한자가 어렵더라도 인내심을 갖고 꾸준히 학습해야 한다.

모음(母音)・자음(子音)・반모음(半母音)

일본어의 발음은 '모음', '자음', '반모음'의 세가지로 이루어져 있으며, 「ん」을 제외한 모든 일본어는 '모음', '자음+모음', '반모음+모음'의 형태로 발음된다.

❶ 모음(母音) : 입김이 혀나 입술에 닿지 않고 나는 소리

> あ[a]　　い[i]　　う[u]　　え[e]　　お[o]

❷ 자음(子音) : 혀나 입술의 움직임에 따라 입김이 부딪치면서 나는 소리
　　　　　　(k : 자음 a, i, u, e, o : 모음)

> か[ka]　き[ki]　く[ku]　け[ke]　こ[ko]

❸ 반모음(半母音) : 모음과 자음의 중간에 위치하는 소리
　　　　　　(모음에 가깝지만 단독으로 음절을 만들 수 없는 소리 y : 반모음
　　　　　　a, u, o : 모음)

> や[ya]　　　　ゆ[yu]　　　　よ[yo]

청음(清音)
せいおん

あ 행

「あ」 자연스럽게 입을 크게 벌리고 하품을 도중에 멈춘듯한 상태에서 발음한다.

「い」 입을 양옆으로 당겨 입술을 조금 벌린 상태에서 발음한다.

「う」 입을 뾰족하게 하여 가볍게 앞으로 내민 상태에서 발음한다.

「え」 「あ」와 「い」의 중간위치에서 입을 벌리고 가볍게 입술을 좌우로 벌린 상태에서
발음한다.

「お」 「う」발음 때의 입 모양 보다도 작게 입을 오므리고 가볍게 입을 내민 상태에서
발음한다.

| あ ア a | い イ i | う ウ u | え エ e | お オ o |

あおい 파랗다
あおい

いか 오징어
いか●

うえ 위
うえ●

え 그림
え●

おと 소리
おと●

단어 아래에 있는 표기는 단어의 액센트 높낮이를 표시한 것이다. ●은 단어 다음에 오
는 말의 액센트 위치를 나타낸 것이다. 예를 들면 「いか」뒤에 조사 「が」가 올 경우 「い
かが」로 발음하게 된다.

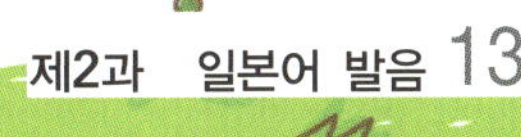

か행의 자음은 그림과 같이 혀 안의 부분과 연구개가 떨어질 때 나는 소리(파열음)으로 이 음에 「あ」「い」「う」「え」「お」를 함께 발음하면 か행 음이 된다.

かお 얼굴
かお●

えき 역
えき●

くし 빗
くし●

け 머리카락
け●

こえ 목소리
こえ●

さ행의 자음은 혀와 윗잇몸 사이에 생기는 틈새로 내는 소리(마찰음)이다. 「さ」「す」「せ」「そ」는 앞니의 뒤쪽에서 입김이 스치는 듯한 음이고, 「し」는 윗니 잇몸 전체에 입김이 스치듯이 나오는 음이다.

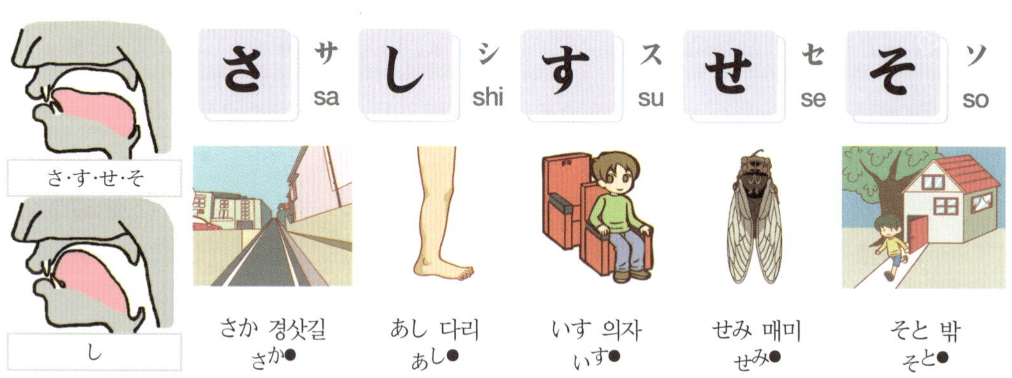

さか 경삿길
さか●

あし 다리
あし●

いす 의자
いす●

せみ 매미
せみ●

そと 밖
そと●

🖍 た행

「た」「て」「と」의 자음은 윗니의 잇몸에 붙인 혀끝이 떨어질 때 숨을 내쉬면서 내는 음(파열음)이며, 그 소리에 「あ」「え」「お」를 함께 발음 한다. 「ち」「つ」는 「し」「す」와 같은 위치에서 파열음이 되면시 「ち」「つ」로 발음된디.

🖍 な행

な행의 자음은 혀 끝을 잇몸에 붙인 채 내는 콧소리(비음)이며, 그 소리와 모음을 함께 발음한다. 「に」는 혀의 위치를 다른 음보다 연구개 가까운 곳에 붙여서 발음한다.

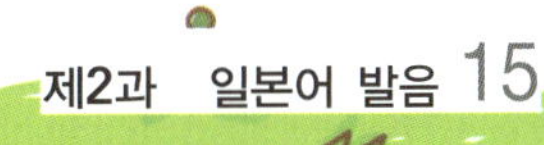

 は 행

「は」「へ」「ほ」는 「あ」「え」「お」와 같은 입 모양이며 목에서만 소리를 낸다.「ひ」는 「し」와 같은 입 모양이며, 목에서 나는 발음이다. 「ふ」는 입술과 입을 약간 벌린 채 입술 틈새로 입김이 스치듯 발음 한다.

| は ハ ha | ひ ヒ hi | ふ フ hu | へ ヘ he | ほ ホ ho |

は・へ・ほ

ひ

ふ

は 이
は●

あさひ 아침 해
あさひ●

ふね 배
ふね●

へそ 배꼽
へそ●

ほし 별
ほし●

ま 행

ま행의 자음은 입술을 다문 채 코로 숨을 내쉬면서 내는 음(비음)이며, 그 음에 「あ」「い」「う」「え」「お」 모음을 함께 발음한다.

| ま マ ma | み マ mi | む ム mu | め メ me | も モ mo |

ま・む・め・も

み

まめ 콩
まめ●

みみ 귀
みみ●

むし 벌레
むし●

め 눈
め●

もも 복숭아
もも●

🖍 や행

や행은 반모음으로 「い」의 입 모양을 한 채 「あ」「う」「お」를 함께 발음하면 「や」「ゆ」「よ」의 발음이 된다.

| や ヤ
ya | ゆ ユ
yu | よ ヨ
yo |

やさい 야채
やさい●

ゆき 눈
ゆき●

よる 밤
よる●

🖍 ら행

ら행의 자음은 연구개 쪽으로 혀끝을 튕기듯이 잇몸에 부딪치면서 내는 음 (튕기는 소리)이며, 그 음에 「あ」「い」「う」「え」「お」 모음을 함께 발음한다.

| ら ラ
ra | り リ
ri | る ル
ru | れ レ
re | ろ ロ
ro |

さら 접시
さら●

あり 개미
あり●

するめ 말린 오징어
するめ●

はれ 맑음
はれ●

ろく 육
ろく●

✏ わ 행

　わ행은 반모음으로「う」의 입모양에「あ」를 함께 발음하면「わ」소리가 난다.「を」
도 원래는 わ행의 음이기 때문에「う」의 입 모양에「お」발음을 하는 것이 정확한 발
음이지만, 지금은「お」와 같은 발음을 한다.「ん」은 입을 다문채 입김이 코를 통해서
튕겨나오 듯 내는 콧소리(비음)이다.

わ・を

ワイン 와인
ワイン●

~を 을/를

✏ ん

　「ん」은 입을 다문채 입김이 코를 통해서 튕겨나오 듯 내는 콧소리(비음)이다.

さん 삼
さん●

탁음(濁音)

が 행

「か」를 발음 할 때 「か」의 자음[k]의 경우 성대의 진동이 없다가, 「あ」와 같이 발음 하면서 성대가 울리지만, 「が」는 「が」의 자음 [g]와 「あ」양쪽에서 성대가 울린다. が 행은 か행과 같은 입모양이지만 が행은 성대를 진동시키는 발음이다.

が ガ ga	ぎ ギ gi	ぐ グ gu	げ ゲ ge	ご ゴ go
がか 화가 がか●	かぎ 열쇠 かぎ●	グラス 글러스 グラス●	かげ 그림자 かげ●	ゴリラ 고릴라 ゴリラ●

ざ 행

さ행과 같은 입모양을 하고 성대를 진동시키는 발음이다.

ざ ザ za	じ ジ ji	ず ズ zu	ぜ ゼ ze	ぞ ゾ zo
ひざ 무릎 ひざ●	あじ 맛 あじ●	すずめ 참새 すずめ●	しぜん 자연 しぜん●	ぞう 코끼리 ぞう●

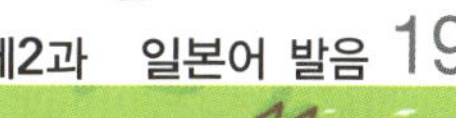

🎨 だ 행

た행과 같은 입모양을 하고 성대를 진동시키는 발음이다.「ぢ」는 「じ」와 「づ」는 「ず」
와 같은 발음이다.

だ·で·ど
ぢ
づ

だ ダ da	ぢ チ ji	づ ツ zu	で デ de	ど ド do

だい 받침대
だい●

はなぢ 코피
はなぢ●

たづな 말고삐
たづな●

でんわ 전화
でんわ●

ドラマ 드라마
ドラマ●

🎨 ば 행

ば행의 자음은 닫은 입술을 여는 순간에 내는 소리(파열음)이며, 성대를 진동시키
면서 「あ」「い」「う」「え」「お」를 함께 발음한다.

ば·ぶ·べ·ぼ
び

ば バ ba	び ビ bi	ぶ ブ bu	べ ベ be	ぼ ボ bo

ろば 당나귀
ろば●

ビル 빌딩
ビル●

ぶた 돼지
ぶた●

べんとう 도시락
べんとう●

ぼうし 모자
ぼうし●

ぱ행

  ば행과 같은 입 모양으로 성대를 진동시키지 않도록 자음(무성자음)을 발음하면 ぱ행의 발음이 된다.

요음은 い단의 음(き, ぎ, し, じ, ち, ぢ, に, ひ, び, ぴ, み, り)과 함께 만들 수 있다.
즉, 「き」와 「や」, 「き」와 「ゆ」, 「き」와 「よ」를 함께 발음한다.

 きゃ キャ kya
 きゅ キュ kyu
 きょ キョ kyo

キャベツ 양배추
キャベツ●

きゅうり 오이
きゅうり●

きょうかしょ 교과서
きょうかしょ●

「ぎ」와 「や」, 「ぎ」와 「ゆ」, 「ぎ」와 「よ」를 함께 발음한다.

 ぎゃ ギャ gya
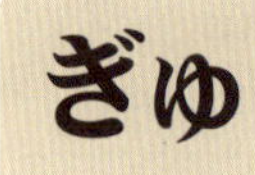 ぎゅ ギュ gyu
 ぎょ ギョ gyo

ギャンブル 갬블
ギャンブル●

ぎゅうにゅう 우유
ぎゅうにゅう●

ぎょせん 어선
ぎょせん●

「し」와 「や」, 「し」와 「ゆ」, 「し」와 「よ」를 함께 발음한다.

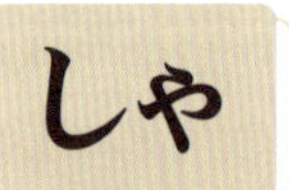 しゃ シャ sya
 しゅ シュ syu
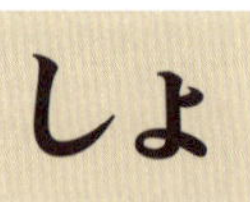 しょ ショ syo

しゃしん 사진
しゃしん●

しゅうり 수리
しゅうり●

しょうらい 장래
しょうらい●

「じ」와「や」,「じ」와「ゆ」,「じ」와「よ」를 함께 발음한다.

 ジャ ja

ジャンプ 점프
ジャンプ●

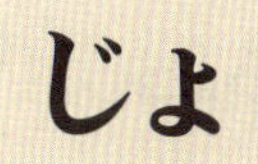 ジュ ju

じゅう 십
じゅう●

ジョ jo

しょうじょ 소녀
しょうじょ●

「ち」와「や」,「ち」와「ゆ」,「ち」와「よ」를 함께 발음 한다.

 チャ cha

ちゃいろ 갈색
ちゃいろ●

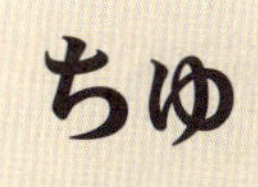 チュ chu

ちゅうかん 중간
ちゅうかん●

 チョ cho

ちょきん 저금
ちょきん●

「ぢ」와「や」,「ぢ」와「ゆ」,「ぢ」와「よ」를 동시에 발음하면「ぢゃ」,「ぢゅ」,「ぢょ」가 된다.「じゃ」,「じゅ」,「じょ」와 같은 발음이기 때문에 현대 일본어에서는 거의 사용되지 않는다.

「に」와「や」,「に」와「ゆ」,「に」와「よ」를 함께 발음한다.

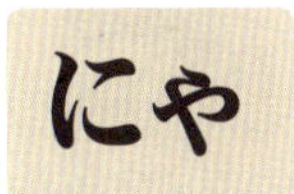 ニャ nya

ニャーニャー 야옹
ニャーニャー

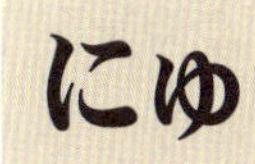 ニュ nyu

ニュース 뉴스
ニュース●

 ニョ nyo

にょろにょろ 꿈틀꿈틀
にょろにょろ

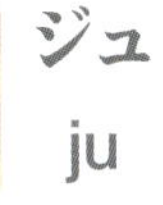

「ひ」와 「や」, 「ひ」와 「ゆ」, 「ひ」와 「よ」를 함께 발음한다.

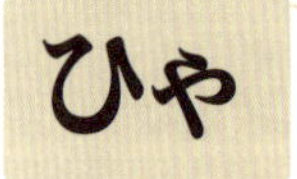 ヒャ hya
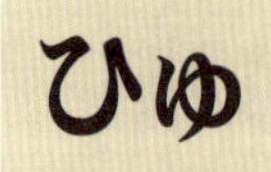 ヒュ hyu
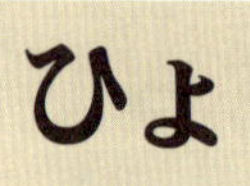 ヒョ hyo

ひゃく 백
ひゃく●

ヒューマン 휴먼
ヒューマン●

ひょうざん 빙산
ひょうざん●

「び」와 「や」, 「び」와 「ゆ」, 「び」와 「よ」를 함께 발음한다.

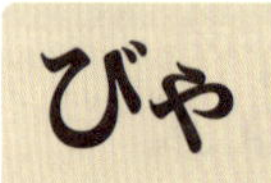 ビャ bya
 ビュ byu
 ビョ byo

さんびゃく 삼백
さんびゃく●

レビュー 리뷰
レビュー●

びょうき 병
びょうき●

「ぴ」와 「や」, 「ぴ」와 「ゆ」, 「ぴ」와 「よ」를 함께 발음한다.

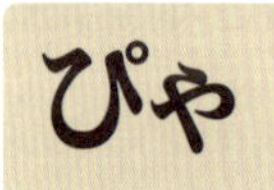 ピャ pya
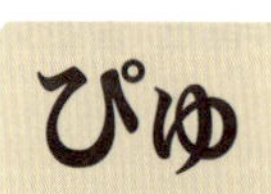 ピュ pyu
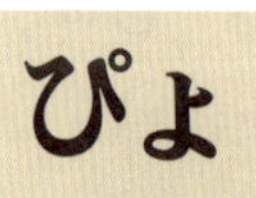 ピョ pyo

ろっぴゃく 육백
ろっぴゃく●

コンピューター 컴퓨터
コンピューター●

はっぴょう 발표
はっぴょう●

「み」와「や」,「み」와「ゆ」,「み」와「よ」를 함께 발음한다.

 ミャ mya

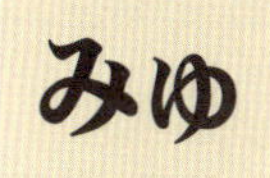 ミュ myu

 ミョ myo

さんみゃく 산맥
さんみゃく●

ミュージック 뮤직
ミュージック●

みょうじ 성
みょうじ●

「り」와「や」,「り」와「ゆ」,「り」와「よ」를 함께 발음한다.

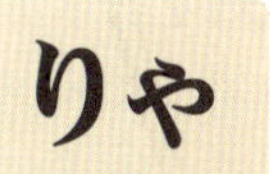 リャ rya

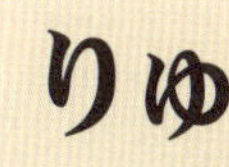 リュ ryu

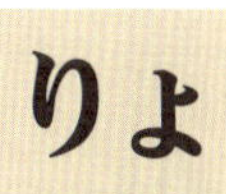 リョ ryo

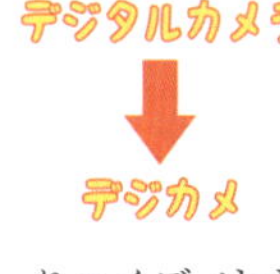

りゃくご 약자
りゃくご●

りゅう 용
りゅう●

りょこう 여행
りょこう●

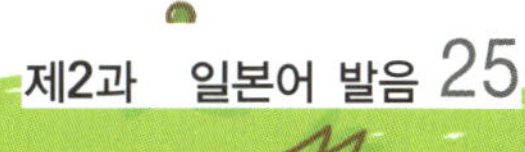

「っ」 촉음 (促音)

촉음은 작은 「っ」로 표기한다. 「はっぱ」의 경우 「ぱ」의 발음을 할 때 입김이 빠져 나가는 것을 막고 「ぱ」앞의 음을 한 박자 길게 하면 이 때 막힌 듯한 소리가 나는데 이 소리가 촉음이다.

❶ 「っ」+か행　　　　　　　　　　　　　　　　　　　　　※ 「ː」는 장음

がっこう [gakkoː] 학교　　　　　　　　　にっき [nikki] 일기

❷ 「っ」+さ행

きっさてん [kissaten] 카페　　　　　　　ざっし [zasshi] 잡지

❸ 「っ」+た행

あさって [asatte] 모레　　　　　　　　　あっち [acchi] 저쪽

14일	15일	16일
오늘	내일	모레

❹ 「っ」＋ぱ행

はっぱ [happa] 잎

しっぽ [shippo] 꼬리

「っ」의 유무로 의미가 전혀 다른 단어가 있으므로 주의 해야 한다.

さか [saka] 경삿길

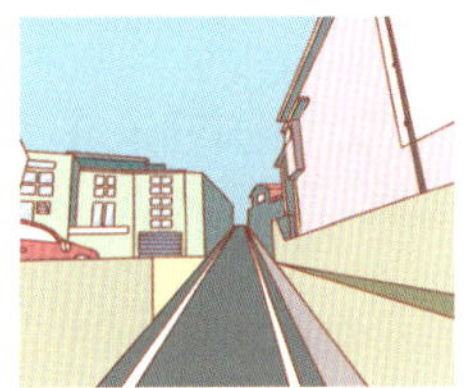

さっか [sakka] 작가

かこ [kako] 과거

かっこ [kakko] 괄호

 「ん」 発音 (撥音) 

발음 「ん」은 뒤에 오는 발음에 따라 [m][n][ŋ](한국어의 ㅁ, ㄴ, ㅇ과 같은 발음)으로 변하기 때문에 주의해야 한다.

❶ 「ん」＋ま、ば、ぱ행

[m]　(ㅁ)	さんぽ [sampo] 산책　　さんま [samma] 꽁치

❷ 「ん」＋さ、ざ、た、だ、な、ら행

[n]　(ㄴ)	はんたい [hantai] 반대　　ほんだな [hondana] 책장

❸ 「ん」＋か、が행

[ŋ]　(ㅇ)	まんが [maŋga] 만화　　けんか [keŋka] 싸움

발음 「ん」 뒤에 모음, 반모음, な행이 오면 같이 붙여서 발음해 버리는 경우가 있다. 즉 「せんえん」이 「せねん」으로 들릴 경우가 있으므로 뒤에 오는 발음과 붙여서 발음하지 않도록 주의한다.

모음	ぜんいん 전원　　きんうん 금전운	
반모음	ほんやく 번역　　しんゆう 친한 친구　　でんわ 전화	
な행	こんにゃく 곤약　　はんのう 반응	

「一」 장음 (長音)

장음은 앞의 모음을 한 박자 길게 발음한다.
ひらがな의 경우는 「あ」「い」「う」「え」「お」이 모음표기를 한다.

❶ あ단+あ [aː]

    おばあさん 할머니   おかあさん 어머니

❷ い단+い [iː]

    おじいさん 할아버지   ちいき 지역

❸ う단+う [uː]

    くうき 공기   ふうけい 풍경

❹ え단+い · え단+え [eː]

    えいが 영화   せんせい 선생님   せいと 학생
    おねえさん 누나, 언니   ええ 네

❺ お단+う · お단+お [oː]

    おとうさん 아버지   さとう 설탕
    おおさか 오사카   おおきい 크다

カタカナ의 경우는 장음부호 「一」로 표시한다.

ケーキ (けえき) 케이크	コーヒー (こおひい) 커피
ブーツ (ぶうつ) 부츠	コーラ (こおら) 콜라

 장음의 **유무**로 의미가 전혀 다른 단어가 있으므로 주의 해야 한다.

おばあさん 할머니	おばさん 주머니, 고모, 이모
おじいさん 할아버지	おじさん 아저씨, 고모부, 이모부, 삼촌

 ## 외래어 표기와 발음 

현대 일본어에서는 외래어를 보다 원음에 가깝게 나타내기 위해 다음과 같이 표기 하는 경우가 있다. 발음 방법은 요음과 같이 발음한다. 예를 들면 「ファ」이면 「フ」와 「ア」를 함께 발음한다.

ス<u>ウェ</u>ーデン	스웨덴	<u>ウォ</u>ン	원
ク<u>ォ</u>ーター	4분의 1 (quarter)	<u>シェ</u>イク	셰이크
<u>ファ</u>ミリーレストラン	패밀리 레스토랑	<u>フィ</u>ールド	필드
ミルク<u>ティー</u>	밀크 티	<u>トゥ</u>モロー	내일(tomorrow)

일본어 문자로서 정식표현은 아니지만, 「ウ」에 탁음 표시를 붙여 「ヴ」로 표기 하는 경우가 있다. 발음 방법은 「ウ」의 입모양으로 「ブ」라고 하면 「ヴ」([v])로 발음된다.

<u>ヴァ</u>イオリン	바이얼린	<u>ヴィ</u>レッジ	마을 (village)

제3과 | 교실 표현과 인사말

교실 표현

수업 중 사용하는 일본어 표현을 알아봅시다. 선생님의 말씀에 따라 해 봅시다.

01 出席をとります 출석을 부릅니다

先生　出席をとります。

　　　キム〇〇さん。

学生　はい。

02 見てください　보세요　/ 読んでください　읽으세요
聞いてください　들으세요 / 言ってください　말하세요

先生　〇〇さん、読んでください。
学生　はい。

 リピートしてください　따라 해보세요

せんせい
先生　みなさん、リピートしてください。
　　　か、き、く、け、こ。
がくせい
学生　か、き、く、け、こ。

04　こた
答えてください　대답해 주세요

せんせい
先生　○○さん、答えてください。
がくせい
学生　わかりません。

05　しずかにしてください　조용히 해 주세요

せんせい
先生　（ざわざわ）
がくせい
学生　しずかにしてください。

연습해봅시다!
선생님의 지시에 따라 해봅시다.

인사말

다음은 일본어 인사말에 대해서 알아봅시다. 일본학생의 하루를 통해 인사말이 일상 생활 속에서 어떻게 쓰이는지 확인해봅시다.

01 朝、家を出るときに 아침에 집을 나갈 때

母　　いってらっしゃい。
学生　いってきます。

02 朝、学校に着いて 학교에 도착해서

学生1　おはよう。
学生2　あ、おはよう。

学生　おはようございます。
先生　おはよう。

先生の研究室で　선생님의 연구실에서

学生　　失礼します。

先生　　はい、どうぞ。

先生　　留学生の○○さんです。

学生　　はじめまして。

留学生　はじめまして。

　　　　よろしくお願いします。

帰り道の電車の中で　집에 가는 지하철 안에서

学生　　　　（자리를 양보하며）どうぞ。

おばあさん　どうもすい(み)ません。

学生　　　　（옆사람의 발을 밟고）

　　　　　　あ、ごめんなさい。

学生1　　こんにちは。
おばさん　あら、いらっしゃい。
学生2　　おじゃまします。

学生1　　おじゃましました。
おばさん　また来てね。
学生2　　ありがとうございます。

学生1　　じゃあね。
学生2　　またね。

学生1　　さようなら。
先生　　　さようなら。

学生　　　　こんばんは。
近所の人　　こんばんは。

08　家に着いて　집에 도착해서

学生　ただいま。
母　　おかえり。

父　　　　ただいま。
学生・母　おかえりなさい。

09　食事のときに　식사할 때

いただきます。

ごちそうさま。
ごちそうさまでした。

10　寝る前に　잠을 자기 전에

学生　おやすみなさい。
父母　おやすみ。

01 다음 장면에 어울리는 인사를 해봅시다.

① 학교에 도착해서　　学生1　おはよう。

　　　　　　　　　　学生2　＿＿＿＿＿＿＿＿＿＿＿＿

② 선생님의 연구실에서　学生　＿＿＿＿＿＿＿＿＿＿＿＿

　　　　　　　　　　先生　はい、どうぞ。

③ 밤에 집 근처에서　　学生　＿＿＿＿＿＿＿＿＿＿＿＿

　　　　　　　　　　近所の人　こんばんは。

④ 헤어질 때　　　　　学生　＿＿＿＿＿＿＿＿＿＿＿＿

　　　　　　　　　　先生　さようなら。

⑤ 잠을 자기 전에　　学生　＿＿＿＿＿＿＿＿＿＿＿＿

　　　　　　　　　　父母　おやすみ。

맛있게 드세요??

한국어와 일본어는 단어와 어순이 같아 무척 비슷하게 느껴진다. 그래서인지 모두들 한국어를 일본어로 대입하듯 바꾸기만 하면 된다 생각하기 쉽상이다. 그러나 한국어를 그대로 일본어로 바꾸면 된다는 생각은 잘못이다. "맛있게 드세요!"라는 인사말이 가장 잘못된 표현 중 하나이다. 학생 여러분들이 식사를 마치고 학생 식당을 나오려 하다가 식사를 하고 계신 교수님을 뵙게 되었을 때 상냥하게 "맛있게 드세요!"하고 인사를 하는 경우가 있다.

이 "맛있게 드세요!"의 일본어인 「おいしく召し上がってください」를 일본에서도 같은 상황에서 사용할 수 있을까? 그 대답은 단호히 "NO!"이다. 일본어가 틀린 것은 아니지만 이런 인사말은 사용하지 않는다. 또한 일본에서는 식사를 하고 계신 교수님께 말을 거는 자체가 실례이다. 식사하고 계신 교수님과 눈이 마주치게 되면 고개를 숙여 인사하는 정도가 가장 적당하다.

그 밖에도 한국에서는 "잘 가세요", "잘 쓰세요", "잘 하세요" 처럼 서술어 앞에 "잘"을 붙이는 경우가 많지만, 이를 「よく行ってください」,「よく使ってください」,「よくしてください」라고 일본어로 말을 만들 수는 있지만, 일본인에게는 이상하게 여겨진다.

한국어를 일본어로 직역하기 보다는 상황에 알맞는 일본어 인사말이나 행동을 익히도록 하자.

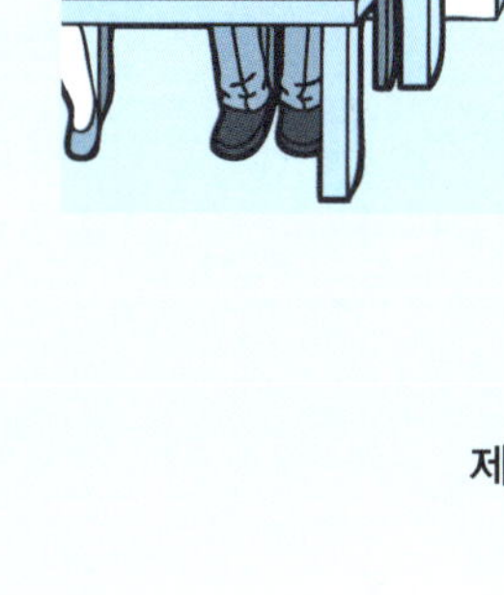

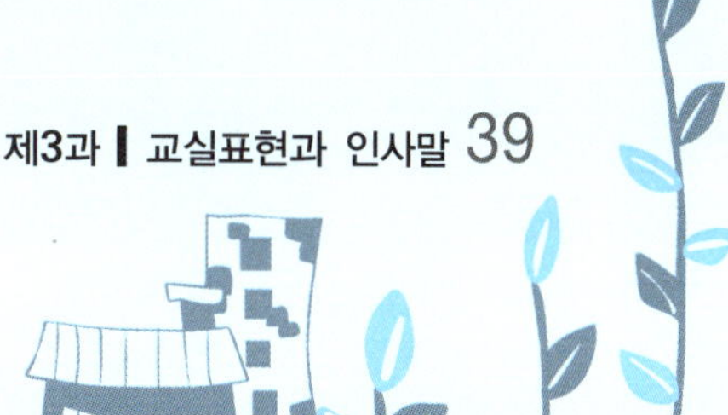

せんこう　にほんご
第4과 | 専攻は日本語です。

회화 **point** 

キムさんは 学生ですか。
はい、学生です。

キムさんは 先生ですか。
はい、そうです。 / いいえ、ちがいます。

専攻は 何ですか。
日本語です。

단어

○○さん	○○씨	~は	~은(는)	学生	학생	~ですか	~입니까?
~です	~입니다	先生	선생님	専攻	전공	何	무엇
はい	예	いいえ	아니오	韓国大学	한국대학교	~の	~의
二年生	2학년	私	나, 저	韓国語	한국어	~も	~도
経済	경제			こちらこそ	저야말로		
そうです	그렇습니다			ちがいます	아닙니다		
はじめまして	처음 뵙겠습니다			よろしくお願いします	잘 부탁합니다		

チェ：はじめまして、チェジナです。

韓国大学の　二年生です。

小林：はじめまして、小林あゆみです。

田中：田中あきらです。

チェ：小林さんの　専攻は　何ですか。

小林：私の　専攻は　韓国語です。

チェ：田中さんの　専攻も　韓国語ですか。

田中：いいえ、ちがいます。経済です。

チェ：よろしく　お願いします。

小林、田中：こちらこそ、よろしく　お願いします。

문법알기

1 ~は ~です ~은(는) ~입니다

「は」는 우리말의 '은(는)'에 해당하는 주격조사이고, [wa]로 발음한다.
「です」는 '입니다'에 해당하는 정중한 표현이다.

私は 学生です。	나는 학생입니다.
専攻は 日本語です。	전공은 일본어입니다.
田中さんは 二年生です。	다나카씨는 2학년 입니다.

2 ~は ~ですか ~은(는) ~입니까?

「~は ~です」의 의문형으로 「~は ~ですか」'~은(는) ~입니까?'로 해석된다. 의문문의 경우 의문조사 「か」가 온다. 의문문일지라도 의문부호 「?」를 붙이지 않는다.

A : イさんは 学生ですか。	이○○씨는 학생입니까?
B : はい、学生です。	네, 학생입니다.
A : 田中さんは 日本人ですか。	다나카씨는 일본인입니까?
B : はい、日本人です。	네, 일본인입니다.

3 ~は 何ですか ~은(는) 무엇입니까?

「何(なん・なに)」는 '무엇'이라는 뜻의 의문사이다.

A：専攻は 何ですか。　　　전공은 무엇입니까?

B：経済です。　　　경제입니다.

A：何年生ですか。　　　몇 학년입니까?

B：一年生です。　　　일학년입니다.

「何年」몇 년 →なんねん	「何時」몇 시 →なんじ	「何の」무슨 →なんの	「何か」무언가 →なんか・なにか
「何が」무엇이 →なにが	「何を」무엇을 →なにを	「何も」아무것도 →なにも	「何に」무엇으로 →なにに

Tip

· 한자 「何」는 「なん」 또는 「なに」로 읽는다. 기본적으로 뒤에 조수사가
  올 경우 「なん」으로 읽으며, 그 외에는 「なん」「なに」 두가지로 읽는다.

4 ~の ~의 【한정】

「の」는 앞의 명사가 뒤에 오는 명사, 즉 나라나 소속기관을 한정할 때
쓴다.

国際大学の 二年生です。　　　국제대학의 2학년입니다.

コンピューター会社の 社員です。　컴퓨터 회사의 사원입니다.

大学の 先生です。　　　대학교 선생님입니다.

5 ~も ~도

같은 성질의 것을 추가할 때 사용한다.

田中さんは 学生です。　　　　　다나카씨는 학생입니다.
小林さんも 学生です。　　　　　고바야시씨도 학생입니다.
パクさんの 専攻も 日本語です。　박○○씨의 전공도 일본어입니다.

6 私 나, 저

'나' '저'에 해당되는 1인칭으로 남녀 구별없이 쓰지만, 남자의 경우는
사적인 자리에서는 보통 「わたし」보다 「ぼく」또는 「おれ」를 많이 쓴다.

私は 学生です。　　　　　나는 학생입니다.
ぼくは 会社員です。　　　나는 회사원입니다.

7 ○○さん ○○씨

상대방이나 제 삼자의 이름 뒤에 「さん」을 붙인다. 성이나 이름 뒤에
붙여쓰는 경우가 많다. 그러나 말하는 사람 본인 이름 뒤에는 붙이지 않
는다.

田中さんは 学生です。　　　　다나카씨는 학생입니다.
私は キムです。　　　　　　　나는 김○○입니다.

8 はい、そうです　네, 그렇습니다
いいえ、ちがいます　아니오, 아닙니다

「はい」는 '예', 「いいえ」는 '아니오'의 뜻으로 「はい、そうです」는 긍정의 대답이고 「いいえ、ちがいます」는 부정의 대답이다.

A：キムさんは 学生ですか。　　김○○씨는 학생입니까?

B：はい、そうです。　　네, 그렇습니다.

A：先生は 日本人ですか。　　선생님은 일본사람입니까?

B：いいえ、ちがいます。　　아니오, 아닙니다.

단어

日本語	일본어	日本人	일본인	何年生	몇 학년	一年生	1학년
国際大学	국제대학	ぼく	나	コンピューター	컴퓨터
会社	회사	社員	사원	会社員	회사원

01 다음 보기와 같이 단어를 밑줄 친 곳에 넣어 연습해 보세요.

> ‖보기‖
>
> _{わたし}私は <u>_{だいがくせい}大学生</u>です。

① _{かんこくじん}韓国人　② キム　③ _{た なか}田中　④ アメリカ_{じん}人　⑤ _{かいしゃいん}会社員

02 다음 보기와 같이 제시하는 질문에 바르게 대답해 보세요.

> ‖보기‖
>
> _{だいがくせい}大学生ですか。→ はい、<u>そうです。</u>
> _{かんこくじん}韓国人ですか。→ いいえ、<u>ちがいます。</u>

① _{せんせい}先生ですか。　　　　　　　　→ はい、＿＿＿＿＿＿＿＿

② _{ちゅうごくじん}中国人ですか。　　　　　　　→ いいえ、＿＿＿＿＿＿＿

③ コンピューター_{がいしゃ}会社の _{しゃいん}社員ですか。→ はい、＿＿＿＿＿＿

④ _{せんこう}専攻は _{けいざい}経済ですか。　　　→ いいえ、＿＿＿＿＿＿＿

⑤ _{がくせい}学生ですか。　　　　　　　　→ はい、＿＿＿＿＿＿＿＿

단어

_{だいがくせい}大学生 대학생	_{かんこくじん}韓国人 한국인	アメリカ_{じん}人 미국인	
_{ちゅうごくじん}中国人 중국인	_{しゅ み}趣味 취미	ゲーム 게임	_{りゅうがくせい}留学生 유학생

03 다음 보기와 같이 ( )안에 있는 단어를 사용해 질문에 대답해 보세요.

‖ 보기 ‖

専攻（せんこう）は 何（なん）ですか。（韓国語（かんこく ご）） → 韓国語（かんこく ご）です。

① 専攻（せんこう）は 何（なん）ですか。（日本語（に ほん ご））　→ ________________

② 趣味（しゅ み）は 何（なん）ですか。（ゲーム）　→ ________________

③ 何年生（なんねんせい）ですか。　（二年生（に ねんせい））　→ ________________

④ 学生（がくせい）ですか。　（留学生（りゅうがくせい））　→ ________________

04 다음 보기와 같이 주어진 단어로 문장을 완성하세요.

‖ 보기 ‖

キムさん/先生（せんせい）/イさん
→ キムさんは 先生（せんせい）です。　イさんも 先生（せんせい）です。

① 小林（こ ばやし）さん/学生（がくせい）/田中（た なか）さん

→ ________________

② チンさん/会社員（かいしゃいん）/ブラウンさん

→ ________________

③ イさん/二年生（に ねんせい）/田中（た なか）さん

→ ________________

④ キムさん/韓国人（かんこくじん）/チェさん

→ ________________

01 다음 보기와 같이 (   )안에 알맞은 말을 넣어 보세요.

> ‖ 보기 ‖
>
> 田中さんは(学生)ですか。
> → はい、学生です。

① ブラウンさんは (　　　　　　　　　)ですか。

　→ はい、ブラウンさんは アメリカ人です。

② 専攻は (　　　　　　　　)ですか。
　→ 日本語です。

③ チンさんも (　　　　　　　　)ですか。
　→ いいえ、ちがいます。 中国人です。

④ 田中さんは (　　　　　　　)ですか。
　→ はい、そうです。

⑤ キムさんは (　　　　　　　　)ですか。
　→ いいえ、ちがいます。

02 ( )안에 알맞은 말을 넣어 보세요.

> ‖ 보기 ‖
> わたし(は) 韓国人です。

① チェさん(　　　) 先生です。

② A：小林さん(　　　) 先生です(　　　)。

　 B：いいえ、ちがいます。

③ 田中さんは 国際大学(　　　) 学生です。

④ 小林さんは 留学生です。田中さん(　　　) 留学生です。

03 다음 밑줄에 알맞은 말을 넣어 문장을 완성하세요.

はじめまして。

わたしは＿＿＿＿＿＿です。

＿＿＿＿＿＿の学生です。

どうぞよろしく ＿＿＿＿＿。

| 私 | 私 | 私 | | | | | |
| わたし | | | | | | | |

| 何 | 何 | 何 | | | | | |
| なん、なに | | | | | | | |

| 日本 | 日本 | 日本 | | | | | |
| に ほん | | | | | | | |

| 大学 | 大学 | 大学 | | | | | |
| だい がく | | | | | | | |

| 学生 | 学生 | 学生 | | | | | |
| がく せい | | | | | | | |

| 韓国 | 韓国 | 韓国 | | | | | |
| かん こく | | | | | | | |

| 国際 | 国際 | 国際 | | | | | |
| こく さい | | | | | | | |

| 専攻 | 専攻 | 専攻 | | | | | |
| せん こう | | | | | | | |

| 経済 | 経済 | 経済 | | | | | |
| けい ざい | | | | | | | |

| 先生 | 先生 | 先生 | | | | | |
| せん せい | | | | | | | |

| 趣味 | 趣味 | 趣味 | | | | | |
| しゅ み | | | | | | | |

줄여 쓰는 일본어

백화점 지하 식품 매장을 「デパ地下」라 합니다. 각 지역의 특산품과 음식, 케익, 초콜릿, 과자, 빵, 푸딩, 요구르트, 아이스크림, 각종 조리음식(반찬, 만두, 튀김, 고기 등)세계 각국의 술과 차등 다양한 음식을 판매하고 있습니다. 새롭거나 맛있는 음식이 생길 때마다 텔레비전 방송국에서는 그 취재에 열을 올리고 있으며, 그 프로그램을 보는 사람들은 곧바로 새로운 음식을 판매하는 백화점 지하 식품 매장을 들러 먹어 보기도 합니다.

「デパ地下」라는 말은 백화점 지하라는 말인 「デパートの地下売り場」를 줄여서 표현한 것입니다. 일본인은 4박자로 줄여 말하는 것을 좋아하는데 다음과 같은 말들이 있습니다.

デジカメ (デジタルカメラ)	디지털 카메라
パソコン (パーソナルコンピューター)	퍼스널 컴퓨터
コンビニ (コンビニエンスストア)	컴비니엔스 스토어 (편의점)
マスコミ (マスコミュニケーション)	매스커뮤니케이션 (매스컴)
マザコン (マザーコンプレックス)	마더 콤플렉스(마마보이)
プリクラ (プリントクラブ)	프린트 클럽(스티커 사진)

第5과 | これは私<ruby>私<rt>わたし</rt></ruby>のケータイです。

회화 point

これは 何<ruby>何<rt>なん</rt></ruby>ですか。
それは ケータイです。

その かばんは 誰<ruby>誰<rt>だれ</rt></ruby>のですか。
これは 田中<ruby>田中<rt>た なか</rt></ruby>さんのです。

あれも 田中<ruby>田中<rt>た なか</rt></ruby>さんのですか。
いいえ、あれは 田中<ruby>田中<rt>た なか</rt></ruby>さんのじゃ ありません。

단어

これ 이것	それ 그것	あれ 저것	その ユ
かばん 가방	誰 누구	の ~의(것)	教室 교실
で ~에서(장소)	へえ (감탄사)	電子辞書 전자사전	
ケータイ(携帯電話) 휴대전화		~のでは ありません ~의 것이 아닙니다	

チェ：小林^{こばやし}さん、それは 何^{なん}ですか。

小林^{こばやし}：これですか。これは 日本^{にほん}の ケータイです。

チェ：へえ、日本^{にほん}の ケータイですか。

　　　小林^{こばやし}さんのですか。

小林^{こばやし}：はい、わたしのです。

チェ：あ、その 電子辞書^{でんしじしょ}も 小林^{こばやし}さんのですか。

小林^{こばやし}：いいえ、

　　　この 電子辞書^{でんしじしょ}は わたしのじゃ ありません。

チェ：誰^{だれ}のですか。

小林^{こばやし}：それは、田中^{たなか}さんのです。

1 사물 나타내기

	근칭	중칭	원칭	부정칭
사물	これ (이것)	それ (그것)	あれ (저것)	どれ (어느것)
방향	こちら こっち (이쪽)	そちら そっち (그쪽)	あちら あっち (저쪽)	どちら どっち (어느쪽)
장소	ここ (여기)	そこ (거기)	あそこ (저기)	どこ (어디)
연체	この 명사(이)	その 명사(그)	あの 명사(저)	どの 명사(어느)
형용	こんな (이런)	そんな (그런)	あんな (저런)	どんな (어떤)

　자신에게서 가까이 있는 것(쪽)을 「こ」, 상대편에게 가까이 있는 것 (쪽)을 「そ」, 두 사람 모두에게서 떨어져 있는 것(쪽)을 「あ」라고 한다.

A : これは 本ですか。　　　　　이것은 책입니까?

B : はい、それは 本です。　　　네, 그것은 책입니다.

A : それも 本ですか。　　　　　그것도 책입니까?

B : いいえ、これは 本では ありません。

　　　　　　　　　　　　　　　아니오, 이것은 책이 아닙니다.

A : あれは 何^{なん}ですか。　　　　저것은 무엇입니까?

B : あれは 新聞^{しんぶん}です。　　　저것은 신문입니다.

2　何^{なん}ですか　무엇입니까?

　「何^{なん}」는 '무엇'에 해당되는 의문사이며,「どれ」는 사물이 몇 개 이상 있을 때 그 중"어떤 것, 어느 것"을 가리키는 선택의 의문사이다.

A : これは 何^{なん}ですか。　　　　이것은 무엇입니까?

B : それは 眼鏡^{めがね}です。　　　　그것은 안경입니다.

A : 鈴木^{すずき}さんの 机^{つくえ}は どれですか。

　　　　　　　　　　　　　　　스즈키씨의 책상은 어느 것입니까?

B : 鈴木^{すずき}さんのは これです。　스즈키씨의 책상은 이것입니다.

3　誰^{だれ}ですか　누구입니까?

　「誰^{だれ}ですか」는 "누구입니까?"이며,「どなたですか」는 정중한 말투 "어느 분이십니까?"로 자신보다 윗분께 사용하도록 한다.

A : あの 人^{ひと}は 誰^{だれ}ですか。　　저 사람은 누구입니까?

B : あの 人^{ひと}は パクさんです。　저 사람은 박○○씨입니다.

4

~の　~의(~의 것)【소유】

わたしの　ノートです。　　　제 노트입니다.

その　かさは　イさんのです。　　그 우산은 이○○씨의 것입니다.

それは　わたしの　ボールペンです。

　　　　　　　　　　　　　그것은 제 볼펜입니다.

これは　山田さんのじゃ　ありません。わたしのです。

　　　　　이것은 야마다씨의 것이 아닙니다. 제 것입니다.

~は ~のじゃ ありません　~은(는) ~의 것이 아닙니다

「~は ~のです(~은 ~의 것입니다)」의 부정형이다. 「~は ~のでは あ
りません」의 축약형이다.

A：あの　自転車は　豊田さんのですか。

　　　　　　　　　　저 자전거는 토요타씨의 것입니까?

B：いいえ、あれは　ぼくのでは　ありません。

　　　　　　　　　아니오, 저것은 제 것이 아닙니다.

A : これは 斉藤さんの 時計ですか。

이것은 사이토씨의 시계입니까?

B : いいえ、これは 斉藤さんのじゃ ありません。

아니오, 이것은 사이토씨의 것이 아닙니다.

~では ありません　~이(가) 아닙니다
「~です」의 부정문으로 '~이(가) 아닙니다'라는 뜻이다. 회화체에서는 「~じゃ ありません」으로 줄여 쓰기도 한다.

先生は 日本人では ありません。　선생님은 일본인이 아닙니다.

キムさんは 先生じゃ ありません。　김○○씨는 선생님이 아닙니다.

私は 留学生じゃ ありません。　나는 유학생이 아닙니다.

단어

本	책	新聞	신문	どれ	어느 것	眼鏡	안경
机	책상	どなた	어느 분	あの人	저 사람	ノート	노트
かさ	우산	ボールペン	볼펜	自転車	자전거	時計	시계

01 다음 보기와 같이 단어를 밑줄 친 곳에 넣어 연습해 보세요.

║보기║

A : これは 何_{なん}ですか。

B : それは 本_{ほん}です。

① 新聞_{しんぶん}　② ノート　③ ペン　④ いす　⑤ 机_{つくえ}

02 다음 보기와 같이 단어를 밑줄 친 곳에 넣어 연습해 보세요.

║보기║

A : あの 人_{ひと}は 誰_{だれ}ですか。

B : あの 人_{ひと}は イさんです。

① 田中_{たなか}さん　② トムさん　③ キムさん　④ 鈴木_{すずき}さん　⑤ チンさん

03 다음 보기와 같이 단어를 밑줄 친 곳에 넣어 연습해 보세요.

║보기║

A : この ケータイは 誰_{だれ}のですか

B : それは キムさんのです。

① 鉛筆_{えんぴつ} / 高橋_{たかはし}さん　② ケータイ / 鈴木_{すずき}さん　③ 自転車_{じてんしゃ} / イさん

④ 眼鏡_{めがね} / 田中_{たなか}さん　⑤ 電子辞書_{でんしじしょ} / パクさん

04 다음 보기와 같이 단어를 밑줄 친 곳에 넣어 연습해 보세요.

> ‖보기‖
>
> A : あの 辞書は キムさんのですか。
>
> B : いいえ、あれは キムさんのじゃ ありません

① いす / アンナさん
② 電話 / 田中さん
③ 自転車 / 鈴木さん
④ 犬 / マイクさん
⑤ 鉛筆 / デュポンさん

단어

ペン 펜　　いす 의자　　電話 전화　　鉛筆 연필　　犬 개

01 다음 그림을 보고 알맞은 말을 넣어 보세요.

A : それは＿＿＿＿＿＿＿＿ですか。
B : これは＿＿＿＿＿＿＿＿です。

A : ＿＿＿＿＿＿＿＿ですか。
B : ぼくのです。

A : それも ケータイですか。
B : いいえ、これは ＿＿＿＿＿＿＿＿。

A : ＿＿＿＿＿ですか？
B : 電子辞書です。

A : あなたのですか。
B : いいえ、＿＿＿＿＿＿＿じゃ ありません。田中さんのです。

 다음 그림을 보고 밑줄에 알맞은 말을 넣어 대화를 완성해보세요.

A : あの 人は＿＿＿＿＿＿＿ですか。

B : あの 人は＿＿＿＿＿＿＿です。

A : 木村さんは 韓国人ですか。

B : いいえ、＿＿＿＿＿＿＿＿じゃ ありません。日本人です。

03 다음 그림을 보고 대화를 해 봅시다.

A : それは 何ですか。

B : これは＿＿＿＿＿＿＿＿です。

A : カメラは 誰のですか。

B : ＿＿＿＿＿＿＿＿＿＿です。

A : 自転車も 鈴木さんのですか。

B : いいえ、自転車は 鈴木さんのじゃ ありません。

キムさんのです。

04 그림을 보고 다음 질문에 대답해 보세요.

①　かばんは 誰のですか。

②　本も 鈴木さんのですか。

③　ケータイは 田中さんのですか。

④　ノートも 田中さんのですか。

05 다음 문장을 일본어로 바꾸어 보세요.

① 이것은 내 휴대폰입니다.　　　　　→

② 그것은 무엇입니까?　　　　　　　→

③ 저 안경은 다나카씨의 것입니다.　→

④ 이 전자사전도 제 것입니다.　　　→

⑤ 그 시계는 스즈키씨의 것이 아닙니다. →

電話 でんわ	電話	電話						
誰 だれ	誰	誰						
教室 きょうしつ	教室	教室						
辞書 じしょ	辞書	辞書						
新聞 しんぶん	新聞	新聞						
時計 とけい	時計	時計						
自転車 じてんしゃ	自転車	自転車						
犬 いぬ	犬	犬						
雑誌 ざっし	雑誌	雑誌						
机 つくえ	机	机						
本 ほん	本	本						

휴대전화 문자 메세지

일본에서는 휴대전화 문자 메세지를 「ケータイメール」라고 한다. 한국과 마찬가지로 여러가지 문자 이모티콘을 이용해 다양한 감정 표현을 전달한다. 이를 「絵文字」라하고 그림 이모티콘의 경우는 「デコ絵文字」라 하는데, 그 종류도 다양하고 아이디어가 기발하며, 언어에 다 담지 못하는 감정이 그대로 전달 될 수 있기 때문에 젊은 사람들 사이에서는 널리 애용되고 있다.

스마트폰이 출시되기 이전부터 휴대전화로 버스 운행 시각표, 전철 운행 시각표, 위치정보와 같은 인터넷 서비스나 QR-code(핸드폰으로 코드를 읽어 정보를 인식함) 등의 자동정보시스템을 폭넓게 이용해 따로 컴퓨터를 구입하지 않고 휴대전화로 모든 것을 해결하는 젊은이들도 많았다.

일본에서는 전철이나 버스와 같이 대중이 모이는 장소, 근무 중, 학교 수업중 휴대전화는 사용하지 않는 것이 매너이다.

인사 オハヨ—_φ(ﾟ▽ﾟ*)♪ (^–^*)/コンチャ！ ヾ(*~∀~*)ゞ オメデトォー ♪.*｡(*^▽^*)よろ♪.*｡*仲良くしょう☆ ゴメンなさい・・・(´_｀illi)	**기쁨** (*^ワ^*) ヨロコビ—ム!(●´∀｀)ノ⁺ *｡゜喜⁺゜｡*⁺ ワ—イ♪\(^ω^\)(/^ω^)/ワ—イ♪ ヽ(･∀･)ノ ワチョーイ♪ \(@^０^@)/やったぁ♪
슬픔 くすん（ﾉω–､） (｡◕‿◕｡)うるるる♡ (´･ω･)‥‥涙デﾟﾀ 号(┰Д┰)泣	**화날 때** ム———[○｡`Д´･○]———カ ウルセエ———(▼皿▼)=○)Д)゜゜———!! (o0-0o)ゝであ~る(o0-0o)ゝであ~る
기타 デ—d(ゝω･*)b—ス!! (>□<)ﾅﾉﾀﾞｧ Σd(ﾟ∀ﾟ)デﾞスカ!!?	

제6과 ▎いい天気ですね。

韓国の 料理は おいしいですか。

はい、おいしいです。

キムチは 辛く ありませんか。

すこし 辛いですが、おいしいです。

それは よかったですね。

韓国語の 授業は どうですか。

とても おもしろくて 楽しいです。

料理	요리	おいしい	맛있다	キムチ 김치	辛い 맵다
~が	~지만	すこし	조금, 약간	とても 매우, 아주	楽しい 즐겁다
キャンパス	대학 캠퍼스	いい	좋다, 괜찮다	食べ物 음식	天気 날씨
今日	오늘	暖かい	따뜻하다	生活 생활	授業 수업
~く ありませんか		~지 않습니까?		どうですか	어떻습니까?
おもしろくて(おもしろい)		재미있고		そうですね	그렇군요
よかった(いい・よい)		좋았다, 괜찮았다			

チェ：いい　天気_{てんき}ですね。

小林_{こばやし}：そうですね。今日_{きょう}は　暖_{あたた}かいですね。

チェ：小林_{こばやし}さん、韓国_{かんこく}の　生活_{せいかつ}は　どうですか。

小林_{こばやし}：とても　楽_{たの}しいです。

チェ：そうですか。

　　　小林_{こばやし}さん、韓国語_{かんこくご}の　授業_{じゅぎょう}は　どうですか。

小林_{こばやし}：とても　おもしろくて　楽_{たの}しいです。

チェ：そうですか。

　　　韓国_{かんこく}の　食_たべ物_{もの}は　辛_{から}く　ありませんか。

小林_{こばやし}：はい、すこし　辛_{から}いですが、おいしいです。

チェ：ああ、それは　よかったですね。

1

い 형용사

일본어의 형용사는 활용방식에 따라 'い형용사'(형용사), 'な형용사(형용동사)'로 나뉜다. 'い형용사'는 어미가 「い」로 끝난다.

よい(いい) 괜찮다, 좋다　　おいしい 맛있다　　辛い 맵다

● い형용사 + です　~입니다

'い형용사'기본형에 「です」를 붙여 술어가 된 문이다.

富士山は 高いです。　　　　후지산은 높습니다.
日本の 夏は 暑いです。　　　일본의 여름은 덥습니다.
日本語は 難しいです 。　　　일본어는 어렵습니다.

● ~く ありません　~지 않습니다【부정문 표현】

「い형용사+です」의 부정형은 い형용사의 어미 「い」를 「く」로 바꾼 다음 「ありません」 또는 「ないです」를 붙여서 만든다. 단 「いい」는 「いく ありません」이 아니라 「よく ありません」 또는 「よく ないです」로 바꾸어 준다.

今日は 暖かく ありません。　　오늘은 따뜻하지 않습니다.
この 映画は おもしろく ありません。

　　　　　　　　　　　　　　　이 영화는 재밌지 않습니다.

天気が よく ありません。（よく ないです。）

날씨는 좋지 않습니다.

暑く ありませんか。 덥지 않습니까?

▶ ~かったです 【い형용사가 서술어로 쓸 때의 과거형】

'い형용사'의 과거표현은 「い」를 「~かったです」로 바꾼다. 과거의 부정형은 어미 「い」를 「~く なかったです」 또는 「~く ありませんでした」로 바꾼다.

ドラマは おもしろかったです。

드라마는 재미있었습니다.

日本語の 授業は 難しく ありませんでした。

일본어 수업은 어렵지 않았습니다.

<い형용사 정리>

기본형	현재형		과거형	
	긍정문	부정문	긍정문	부정문
広い	広いです	広く ありません 広く ないです	広かったです	広く ありませんでした 広く なかったです
高い	高いです	高く ありません 高く ないです	高かったです	高く ありませんでした 高く なかったです
よい(いい)	いいです	よくありません よくないです	よかったです	よくありませんでした よくなかったです

い형용사는 기본형의 형태로 명사를 수식한다.

おいしい 料理　　맛있는 요리　　　　いい 天気　좋은 날씨

おもしろい 映画　재밌는 영화　　　青い 空　　푸른 하늘

◑ ～くて　～이고(~해서)

두 문장을 한 문장으로 연결할 때 い형용사의 어미 「い」대신에 「～くて」를 붙여 쓴다.

学校の 食堂は 安くて おいしいです。

학교식당은 싸고 맛있습니다.

キムさんは 頭が よくて かっこいいです。

김○○씨는 머리가 좋고 멋있습니다.

北海道は 寒くて 雪が 多いです。

홋카이도는 춥고 눈이 많이 옵니다.

2

～が　～이지만, ～이나

접속조사로 두 문장을 「～が」로 연결하면 한 문장이 되며 앞뒤 문장이 상반된 의미를 나타낸다.

韓国の 食べ物は おいしいですが、すこし 辛いです。

한국음식은 맛있습니다만, 좀 맵습니다.

日本語は 難しいですが、おもしろいです。

　　　　　　　　　　　일본어는 어렵습니다만, 재밌습니다.

この かばんは 大きく ありませんが、重いです。

　　　　　　　　　　　이 가방은 크지않습니다만, 무겁습니다.

3　~は どうですか　~은(는) 어떻습니까?

　이 의문형은 상대방이 경험한 것을 묻거나, 경험 한 것에 대한 생각,
의향, 인상, 의견등을 묻는 표현이다.

A : 日本の 生活は どうですか。　　　일본생활은 어떻습니까?

B : おもしろいです。　　　　　　　　재밌습니다.

A : 日本語の 授業は どうですか。　　일본어 수업은 어떻습니까?

B : 難しいですが、おもしろいです。　어렵습니다만, 재밌습니다.

A : コーヒーは どうですか。　　　　　커피는 어떻습니까?

B : いいですね。　　　　　　　　　　좋습니다.

4

とても　매우, 아주 / すこし　조금, 약간

「とても」는 양이 많거나 기분이 좋을 때, 「すこし」는 정도가 많고 적음을 나타내는 수식부사이다.

ソウルの 冬は とても 寒いです。

　　　　　　　　　　　　　　　서울의 겨울은 매우 춥습니다.

韓国語の 発音は すこし 難しいです。

　　　　　　　　　　　　　　　한국어의 발음은 좀 어렵습니다.

5

~ね　~군요【종조사】

문장 끝에 붙여 감탄, 강조, 확인을 나타낸다.

久しぶりですね。　　　　　오래간만이군요.

いい 天気ですね。　　　　　좋은 날씨군요

明日は テストですね。　　　내일 시험이죠.

단 어

高い	높다, 비싸다	夏	여름
今日	오늘	映画	영화
昨日	어제	安い	싸다
食堂	식당	頭	머리
冬	겨울	寒い	춥다
コーヒー	커피	発音	발음
富士山	후지산(일본의 산 이름)		
北海道	홋가이도(지명)		

暑い	덥다	難しい	어렵다
ドラマ	드라마	大きい	크다
青い	푸르다	空	하늘
雪	눈	多い	많다
重い	무겁다	かばん	가방
明日	내일	テスト	테스트
かっこいい	잘생기다		
お久しぶりですね	오래간만이군요		

大きい	小さい	広い	狭い	多い	少ない
크다	작다	넓다	좁다	많다	적다

新しい	古い	遠い	近い	よい(いい)	悪い
새롭다	낡다, 오래되다	멀다	가깝다	좋다	나쁘다

暑い	寒い	暖かい	涼しい	長い	短い
덥다	춥다	따뜻하다	시원하다	길다	짧다

軽い	重い	安い	高い	高い	低い
가볍다	무겁다	싸다	비싸다	높다	낮다

遅（おそ）い	早（はや）い	強（つよ）い	弱（よわ）い	おもしろい	つまらない
늦다	이르다(시간)	강하다	약하다	재미있다	재미없다

明（あか）るい	暗（くら）い	難（むずか）しい	易（やさ）しい	おいしい	まずい
밝다	어둡다	어렵다	쉽다	맛있다	맛없다

白（しろ）い	黒（くろ）い	忙（いそが）しい	優（やさ）しい
하얗다	검다	바쁘다	상냥하다. 다정하다

かわいい	危（あぶ）ない	痛（いた）い
귀엽다	위험하다	아프다

01 다음 보기와 같이 질문에 대답 하세요.

> ‖보기‖
>
> 日本の アニメは おもしろいですか。 （はい）
>
> → はい、おもしろいです。
>
> 昨日は 寒かったですか。　　　　　　（いいえ）
>
> → いいえ、寒く ありませんでした。

① 日本の うどんは おいしいですか。 （はい）

　→ _______________________________________

② 日本語の 勉強は やさしいですか。 （いいえ）

　→ _______________________________________

③ 大学は 広いですか。　　　　　　 （はい）

　→ _______________________________________

④ 昨日の 天気は よかったですか。　 （いいえ）

　→ _______________________________________

⑤ 旅行は 楽しかったですか。　　　　 （はい）

　→ _______________________________________

02 다음 보기와 같이 주어진 단어로 문장을 완성하세요.

> ‖ 보기 ‖
>
> 先生 / 優しい / 明るい
> → 先生は 優しくて 明るいです。

① 彼女 / 若い / かわいい

→ _______________________________________

② この / バッグ / 安い / いい

→ _______________________________________

③ 日本の おかし / 甘い / おいしい

→ _______________________________________

④ あの 人 / 背が 高い / 髪が 長い

→ _______________________________________

⑤ 先生 / やさしい / 明るい

→ _______________________________________

03 다음 보기와 같이 주어진 단어로 문장을 완성하세요.

> ┃보기┃
>
> 大阪 / 広い / 町　→　大阪は 広い 町です。

① 「となりのトトロ」/ 楽しい / アニメ

→ _______________________________________

② 「冬のソナタ」/ おもしろい / ドラマ

→ _______________________________________

③ マッコリ / おいしい / お酒

→ _______________________________________

④ 今日 / いい / 天気

→ _______________________________________

⑤ 彼女 / やさしい / 人

→ _______________________________________

04 다음 보기와 같이 바꾸어 보세요.

> ‖ 보기 ‖
>
> 韓国の 料理は 辛いです。おいしいです。
> → 韓国の 料理は 辛いですが、おいしいです。

① 勉強は 難しいです。おもしろいです。

→ _______________________________________

② 大学の 食堂は 狭いです。おいしいです。

→ _______________________________________

③ 韓国の 生活は 忙しいです。楽しいです。

→ _______________________________________

④ この カメラは 小さいです。高いです。

→ _______________________________________

단어

アニメ	애니메이션	うどん	우동	勉強 공부	広い 넓다
旅行 여행		やさしい	쉽다	優しい 상냥하다	若い 젊다
かわいい	귀엽다	おかし	과자	甘い 달다	大阪 오사카(지명)
町 도시		マッコリ	막걸리	お酒 술	狭い 좁다
忙しい	바쁘다	カメラ	카메라	小さい 작다	
明るい	밝다, 명랑하다			彼女 그녀, 여자친구	
髪が長い	머리가 길다			背が高い 키가 크다	

「となりのトトロ」 '이웃 집 토토로' (애니메이션)

「冬のソナタ」 '겨울연가' (드라마)

01 다음 회화를 완성하세요.

① A：大学の 食堂は おいしいですか

B：はい、＿＿＿＿＿＿＿＿＿＿＿＿＿＿＿＿＿＿＿＿

② A：電子辞書は 重いですか。

B：いいえ、＿＿＿＿＿＿＿＿＿＿＿＿＿＿＿＿＿＿＿＿

③ A：この 自転車は 新しいですか。

B：はい、＿＿＿＿＿＿＿＿＿＿＿＿＿＿＿＿＿＿＿＿

A：日本語の 勉強は やさしいですか。

B：いいえ、＿＿＿＿＿＿＿＿＿＿＿＿＿＿＿＿＿＿＿＿

02 아래 보기에서 (　　) 안에 적당한 단어를 골라 넣으세요. (중복 가능)

‖보기‖

| とても　　が　　やさしい　　すこし　　どう |

① キムチは （　　　　　　　　） 辛かったです。

② 韓国の 生活は 忙しいです （　　　　　　　） 楽しいです。

③ 日本語は （　　　　　　） 難しいです。

④ 先生は （　　　　　） 人です。

④ 天気は （　　　　　　） ですか。

03 다음 회화를 완성하세요.

①　Ａ：昨日の 天気は よかったですか。

　　Ｂ：はい、＿＿＿＿＿＿＿＿＿＿＿＿＿＿＿＿

②　Ａ：新しい 韓国の ドラマは おもしろかったですか。

　　Ｂ：いいえ、＿＿＿＿＿＿＿＿＿＿＿＿＿＿＿

③　Ａ：パクさんの 部屋は 広かったですか。

　　Ｂ：はい、＿＿＿＿＿＿＿＿＿＿＿＿＿＿＿＿

④　Ａ：東京は 寒く ありませんでしたか。

　　Ｂ：はい、＿＿＿＿＿＿＿＿＿＿＿＿＿＿＿＿

04 다음 문장을 일본어로 바꾸어 보세요.

①　일본어는 조금 어렵습니다.

　　＿＿＿＿＿＿＿＿＿＿＿＿＿＿＿＿＿＿＿＿＿＿

②　다나카씨는 상냥하고 키가 큽니다.

　　＿＿＿＿＿＿＿＿＿＿＿＿＿＿＿＿＿＿＿＿＿＿

③　스시는 맛있는 일본 요리입니다.

　　＿＿＿＿＿＿＿＿＿＿＿＿＿＿＿＿＿＿＿＿＿＿

④　이 휴대폰은 비싸지 않습니다.

　　＿＿＿＿＿＿＿＿＿＿＿＿＿＿＿＿＿＿＿＿＿＿

料理							
りょう り							

食べ物							
た　もの							

発音							
はつ おん							

天気							
てん き							

勉強							
べん きょう							

食堂							
しょく どう							

旅行							
りょ こう							

生活							
せい かつ							

授業							
じゅ ぎょう							

夏							
なつ							

冬							
ふゆ							

<ruby>第7과<rt></rt></ruby> 好<rt>す</rt>きな映画<rt>えいが</rt>は何<rt>なん</rt>ですか。

小林<rt>こばやし</rt>さんは 何<rt>なに</rt>が 好<rt>す</rt>きですか。

私<rt>わたし</rt>は 映画<rt>えいが</rt>が 好<rt>す</rt>きです。

アニメは 好<rt>す</rt>きですか。

いいえ、好<rt>す</rt>きじゃ ありません。

どんな 音楽<rt>おんがく</rt>が 好<rt>す</rt>きですか。

静<rt>しず</rt>かな 音楽<rt>おんがく</rt>が 好<rt>す</rt>きです。

この パソコンは 簡単<rt>かんたん</rt>で、便利<rt>べんり</rt>です。

단어

好き(だ) 좋아하다	音楽<rt>おんがく</rt> 음악	静<rt>しず</rt>か(だ) 조용하다
簡単<rt>かんたん</rt>(だ) 간단하다	便利<rt>べんり</rt>(だ) 편리하다	歌<rt>うた</rt> 노래
元気<rt>げんき</rt>で(元気<rt>げんき</rt>だ) 씩씩하고	どんな 어떤	曲<rt>きょく</rt> 곡
歌手<rt>かしゅ</rt> 가수	みんな 모두	素敵<rt>すてき</rt>(だ) 멋있다
残念<rt>ざんねん</rt>(だ) 유감하다	パソコン(パーソナルコンピューター) PC	
大好<rt>だいす</rt>き(だ) 매우 좋아하다	華<rt>はな</rt>やか(だ) 화사하다, 화려하다	
上手<rt>じょうず</rt>(だ) 능숙하다, 잘하다		

田中：チェさん、日本の 歌は 好きですか。

チェ：はい、大好きです。田中さんは？

田中：私は 日本の 歌は あまり 好きじゃ ありません。
　　　韓国の 歌が 好きです。

チェ：へえ、どんな 歌が 好きですか。

田中：元気で、明るい曲が 好きです。
　　　韓国の 歌手は みんな 華やかで 素敵ですね。

チェ：ところで、田中さんは 歌が 上手ですか。

田中：歌は 好きですが、上手じゃ ありません。

チェ：そうですか。それは 残念です。

문법알기

1   な 형용사

일본어의 형용사는 'い형용사(형용사)', 'な형용사(형용동사)'로 나뉜다.
'な형용사'는 어미가 「だ」로 끝난다.

好きだ	좋아하다	上手だ	잘하다
きれいだ	예쁘다, 깨끗하다	有名だ	유명하다
ハンサムだ	핸섬하다		

▶ な형용사+です   ~입니다

「な형용사」의 어미 「だ」를 없애고 「です」를 붙이면 된다.

ケータイは 便利です。	휴대전화는 편리합니다.
先生は 親切です。	선생님은 친절합니다.
部屋は きれいです。	방은 깨끗합니다.

▶ ~じゃ ありません   ~하지 않습니다 【부정 표현】

「な형용사+です」의 부정형으로 な형용사의 어미 「だ」를 없애고 「じゃ」
로 바꾼 다음 「ありません」 또는 「ないです」를 붙여서 쓴다.

教室は 静かじゃ ありません。	교실은 조용하지 않습니다.
肉は 好きじゃ ありません。	고기는 좋아하지 않습니다.
川の 水は きれいじゃ ないです。	강물은 깨끗하지 않습니다.

▶ ~でしたか　~였습니까? / ~でした　~였습니다

　な형용사의 어미「だ」대신에「~でした」로 바꾸면 과거형이 된다. 부정형은「~じゃ ありませんでした」이다.

若い ときは 肌が きれいでした。

젊었을 때는 피부가 깨끗했습니다.

教室は 静かでした。　　교실은 조용했습니다.

A：入学試験は 簡単でしたか。　입학 시험은 간단 했습니까?

B：簡単じゃ ありませんでした。　간단하지 않았습니다.

<な형용사 정리>

기본형	현재형		과거형	
	긍정문	부정문	긍정문	부정문
有名だ	有名です	有名じゃないです 有名ではありません	有名でした	有名じゃなかったです 有名ではありませんでした
好きだ	好きです	好きじゃないです 好きではありません	好きでした	好きじゃなかったです 好きではありませんでした
きれいだ	きれいです	きれいじゃないです きれいではありません	きれいでした	きれいじゃなかったです きれいではありませんでした

2
~は ~が 好きです(きらいです) ~은(는) ~을(를) 좋아합니다(싫어합니다)
~は ~が 上手です(下手です) ~은(는) ~을(를) 잘합니다(못합니다)

「は」는 감정을 느끼는 주체를, 「が」는 감정을 일으키는 대상을 나타낸다. 한국어로는 '을(를) 좋아한다'의 목적격은 '을(를)'이지만, 일본어에는 반드시 「が」를 사용한다.

妹は 肉が きらいです。　　　여동생은 고기를 싫어합니다.
私は 果物が 好きです。　　　나는 과일을 좋아합니다.
私は 歌が 下手です。　　　나는 노래를 못 합니다.
イさんは スポーツが 上手です。　이〇〇씨는 스포츠를 잘합니다.

3
どんな (명사)ですか　어떤 (명사)입니까?

「どんな」는 항상 뒤에 명사를 수반하며 사람이나 사물의 성질을 물을 때 쓴다.

A : 先生は どんな 人ですか。 선생님은 어떤 사람입니까?
B : 親切な 方です。　　　　친절한 분입니다.

A : どんな アニメですか。　　어떤 애니메이션입니까?
B : 日本では 有名な アニメです。

　　　　　　　　　　일본에서는 유명한 애니메이션입니다.

A：田中さんの　部屋は　どんな　部屋ですか。

다나카씨의 방은 어떤 방입니까?

B：静かな　部屋です。　　조용한 방입니다.

4　な 형용사＋명사

　な형용사가 명사를 수식할 때 な형용사의 어미「だ」대신에「な」를 붙인다.

きれいな　空です。　　깨끗한 하늘입니다.

この　歌は　静かな　歌です。　이 노래는 조용한 노래입니다.

キムさんは　有名な　歌手です。　김○○씨는 유명한 가수입니다.

5　~で、~です　　~하고~합니다

　두 문장을 한 문장으로 연결할 때 な형용사의 어미「だ」대신에「で」를 붙여 연결형으로 쓴다. 명사의 경우에도 같이 적용된다.

その　アニメは　有名で、おもしろいです。

그 애니메이션은 유명하고 재밌습니다.

この　ケータイは　便利で、軽いです。

이 휴대 전화는 편리하고 가볍습니다.

彼は ハンサムで、親切です。

그는 잘생기고 친절합니다.

父は 銀行員で、母は 先生です。

아버지는 은행원이고 엄마는 선생님 입니다.

6 あまり 그다지, 그렇게

「あまり+부정」의 형태로 '그다지 (그렇게) ~하지 않다'의 뜻을 나타낸다.

アニメは あまり 好きじゃ ありません。

애니메이션은 그다지 좋아하지 않습니다.

日本語は あまり 上手じゃ ありません。

일본어는 그다지 잘하지 못합니다.

단 어

部屋 방	肉 고기	川 강	水 물	肌 피부
果物 과일	スポーツ 스포츠	下手(だ) 서툴다	軽い 가볍다	父 아버지
母 어머니	妹 여동생	銀行員 은행원		
有名(だ) 유명하다	ハンサム(だ) 핸섬하다		親切(だ) 친절하다	
入学試験 입학시험	きれい(だ) 예쁘다, 깨끗하다		きらい(だ) 싫어하다	

じょうず 上手だ	へた 下手だ	す 好きだ	きら 嫌いだ	かんたん 簡単だ	ふくざつ 複雑だ
잘하다	못하다, 서툴다	좋아하다	싫어하다	간단하다	복잡하다

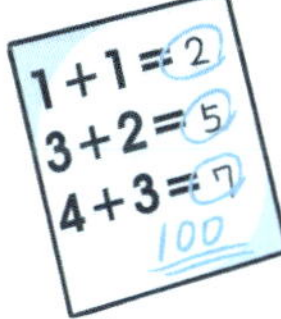

べんり 便利だ	ふべん 不便だ	にぎやかだ	しず 静かだ
편리하다	불편하다	번화하다	조용하다

しんせつ 親切だ	ハンサムだ	きれいだ
친절하다	잘생기다	예쁘다, 깨끗하다

ひま 暇だ	ゆうめい 有名だ	だめだ
한가하다	유명하다	안 된다, 소용없다

大丈夫<ruby>だ</ruby>（だいじょうぶ）	心配だ（しんぱい）	大切だ（たいせつ）
괜찮다	걱정이다	중요하다

 |  | 

立派だ（りっぱ）	けっこうだ	十分だ（じゅうぶん）
훌륭하다	훌륭하다	충분하다

 |  | 

まじめだ	大変だ（たいへん）	丈夫だ（じょうぶ）
성실하다	큰일이다, 힘들다	튼튼하다

 |  | 

嫌だ（いや）	元気だ（げんき）	すてきだ
싫다	건강하다	멋있다

 |  | 

01 다음 보기와 같이 질문에 대답하세요.

‖ 보기 ‖

日本の アニメは 有名ですか。　　　（はい）

→ はい、有名です。

教室は 静かですか。　　　（いいえ）

→ いいえ、静かでは ありません。

新宿は にぎやかでしたか。　　　（はい）

→ はい、にぎやかでした。

① 韓国の ドラマは 好きですか。　　　（はい）

→ ______________________________

② 日本語の テストは 簡単ですか。　　　（いいえ）

→ ______________________________

③ 日曜日は 暇ですか。　　　（いいえ）

→ ______________________________

④ 英語は 上手でしたか。　　　（はい）

→ ______________________________

⑤ 店員は 親切でしたか。　　　（いいえ）

→ ______________________________

02 다음 보기와 같이 주어진 단어로 문장을 만들어 보세요.

> ‖보기‖
>
> 先生 / 親切だ / 優しい
> → 先生は 親切で、優しいです。

① 彼女 / きれいだ / かわいい

→ ________________________________

② この かばん / 便利だ / 丈夫だ

→ ________________________________

③ この 問題 / 複雑だ / 難しい

→ ________________________________

④ あの 医者 / まじめだ / おとなしい

→ ________________________________

⑤ あの 歌手 / 有名だ / ハンサムだ

→ ________________________________

03 다음 보기와 같이 주어진 단어로 문장을 만들어 보세요.

> ┃보기┃
>
> 大阪 / にぎやかだ / 都市
> → 大阪は にぎやかな 都市です。
> スポーツ / 上手だ / キムさん
> → スポーツが 上手な キムさんです。

① 「となりの トトロ」/ 有名だ / アニメ

→ ______________________________

② その 店員 / 親切だ / 人

→ ______________________________

③ マッコリ / 好きだ / お酒

→ ______________________________

④ 日本語 / 上手だ / イさん

→ ______________________________

⑤ 音楽 / 好きだ / 人

→ ______________________________

04 다음 보기와 같이 (　)안에 있는 단어를 사용해 질문에 대답해 보세요..

보기
日本は どんな 国ですか。(きれいだ / 安全だ) → きれいで、安全な 国です。

① どんな ケータイですか。(便利だ / 簡単だ)

→ ________________________________

② 先生は どんな 人ですか。(まじめだ / 親切だ)

→ ________________________________

③ お好み焼きは どんな 食べ物ですか。(有名だ / おいしい)

→ ________________________________

④ 先生の 研究室は どんな 部屋ですか。(静かだ / 明るい)

→ ________________________________

단어

新宿	신주쿠(지명)	にぎやか(だ)	번화하다	暇(だ)	한가하다
英語	영어	丈夫(だ) 튼튼하다	問題 문제	複雑(だ)	복잡하다
医者	의사	まじめ(だ) 성실하다	おとなしい 얌전하다	安全(だ)	안전하다
お好み焼き	오코노미야키(일본 음식)	研究室 연구실		日曜日	일요일

01 다음 회화를 완성하세요.

① A : 田中さんは 親切ですか。

B : はい、＿＿＿＿＿＿＿＿＿＿＿＿＿＿＿＿＿

② A : 週末は 暇でしたか。

B : いいえ、＿＿＿＿＿＿＿＿＿＿＿＿＿＿＿＿

③ A : この ケータイは 便利ですか。

B : はい、＿＿＿＿＿＿＿＿＿＿＿＿＿＿＿＿＿

④ A : この 韓国ドラマは 有名ですか。

B : いいえ、＿＿＿＿＿＿＿＿＿＿＿＿＿＿＿

⑤ A : 教室は 静かでしたか。

B : あまり＿＿＿＿＿＿＿＿＿＿＿＿＿＿＿＿＿

02 (　　) 안에 적당한 말을 보기에서 골라 넣으세요.

||보기||
で　　が

① 食堂は 静か（　　　　）明るいです。
② 韓国の ドラマ（　　　　）好きです。
③ 彼女は 日本語（　　　　）上手です。
④ 北海道は きれい（　　　　）有名な 所です。
⑤ その 医者は 親切（　　　　）優しかったです。

03 다음 문장을 일본어로 바꾸어 보세요.

① 일본 애니메이션을 매우 좋아합니다.

____

② 다나카씨는 친절하고 성실합니다.

____

③ 새휴대폰은 편리합니다만 비쌉니다.

____

④ 일본어는 그다지 잘하지 못합니다.

____

⑤ 교토는 조용하고 예쁜 도시였습니다.

____

便利だ
べんり

上手だ
じょうず

下手だ
へた

静かだ
しず

元気だ
げんき

親切だ
しんせつ

安全だ
あんぜん

店員
てんいん

音楽
おんがく

母
はは

父
ちち

第8課 ┃ テーブルの<ruby>上<rt>うえ</rt></ruby>にメニューがあります。

회화 **point** 

テーブルの <ruby>上<rt>うえ</rt></ruby>に <ruby>何<rt>なに</rt></ruby>が ありますか。

メニューが あります。

<ruby>お店<rt>みせ</rt></ruby>の <ruby>前<rt>まえ</rt></ruby>に <ruby>誰<rt>だれ</rt></ruby>が いますか。

<ruby>田中<rt>たなか</rt></ruby>さんが います。

<ruby>教室<rt>きょうしつ</rt></ruby>の <ruby>中<rt>なか</rt></ruby>に <ruby>何<rt>なに</rt></ruby>が ありますか。

<ruby>机<rt>つくえ</rt></ruby>と いすが あります。

단어

テーブル	테이블	上_{うえ}	위	メニュー	메뉴
お店_{みせ}	가게				
前_{まえ}	앞	中_{なか}	안	わあ	와(감탄사)
たくさん	많이, 많은				
人_{ひと}	사람	雰囲気_{ふんいき}	분위기	照明_{しょうめい}	조명
いろいろ(だ)	여러가지				
お茶_{ちゃ}	차	~よ	~요	ユズ茶_{ちゃ}	유자차
ナツメ茶_{ちゃ}	대추차				
あります(ある)	있습니다	いXいます(いる)	있습니다		
~や~	~(이)나~	カリン茶_{ちゃ}	모과차		
おいしい	맛있다	どれも	모두, 다, 어느것이나		
~と~	~하고, 와(과), 랑	韓国伝統茶_{かんこくでんとうちゃ}	한국전통차		
おいしそうだなあ	맛있겠군				

チェ：ここが　韓国伝統茶の　お店です。

小林：わあ、人が　たくさんいますね。

チェ：雰囲気は　どうですか。

田中：照明と　音楽が　いいですね。

チェ：いろいろな　お茶が　ありますよ。

小林：あ、テーブルの　上に　メニューが　あります。

田中：これは　何ですか。

チェ：これは　ユズ茶です。

　　　ナツメ茶や　カリン茶も　おいしいですよ。

田中：ああ、どれも　おいしそうだなあ。

문법알기

1. あります / います　いますあります【존재】

▶ あります

「あります」는 「ある」(있다)+「ます」(입니다)의 형태로 사물이나 식물의 존재를 나타낸다.

ケーキが あります。	케이크가 있습니다.
大(おお)きな 木(き)が あります。	큰 나무가 있습니다.

▶ います

「います」는 「いる」(있다)+「ます」(입니다)의 형태로 사람이나 동물 같은 생물의 존재를 나타낸다.

友(とも)だちが います。	친구가 있습니다.
犬(いぬ)が います。	개가 있습니다.

> **Tip**
>
> 「あります」「います」는 한국어로는 둘 다 존재 '있습니다'를 나타내는 말이지만 존재하는 것이 무엇이냐에 따라 각각 다르게 사용되므로 혼동 하지 않도록 주의하자!

2. 何(なに)も ありません　아무것도 없습니다
誰(だれ)も いません　아무도 없습니다

「あります」(있습니다)의 부정형은 「ありません」(없습니다)이 된다. 그 앞에 「何(なに)も」를 붙이면 '아무것도 없습니다'라는 뜻이 된다.

A：<ruby>何<rt>なに</rt></ruby>か ありますか。　　　뭔가 있습니까?

B：<ruby>何<rt>なに</rt></ruby>も ありません。　　　아무것도 없습니다.

「います」(있습니다)의 부정형은 「いません」(없습니다)이다. 그 앞에 「<ruby>誰<rt>だれ</rt></ruby>も」를 붙이면 '아무도 없습니다'라는 뜻이 된다. 단, 동물은 「<ruby>何<rt>なに</rt></ruby>もいません」을 쓴다.

A：<ruby>誰<rt>だれ</rt></ruby>か いますか。　　　누군가 있습니까?

B：<ruby>誰<rt>だれ</rt></ruby>も いません。　　　아무도 없습니다.

A：<ruby>家<rt>いえ</rt></ruby>に ペットが いますか。　　집에 페트가 있습니까?

B：<ruby>何<rt>なに</rt></ruby>も いません。　　　아무것도 없습니다.

3 ~に ~が あります / ~に ~が います　~에 ~가(이) 있습니다

「に」앞에는 장소나 위치를 나타내는 말을, 「が」앞에는 무생물이나 식물을 넣으면 '~에 ~가(이) 있습니다', 사람이나 동물을 넣으면 '~에 누가/무엇이 있습니다'라는 뜻이 된다.

<ruby>机<rt>つくえ</rt></ruby>の <ruby>上<rt>うえ</rt></ruby>に ケーキが あります。책상 위에 케이크가 있습니다.

<ruby>学校<rt>がっこう</rt></ruby>の <ruby>前<rt>まえ</rt></ruby>に <ruby>大<rt>おお</rt></ruby>きな <ruby>木<rt>き</rt></ruby>が あります。

학교 앞에 큰 나무가 있습니다.

となりに 友だちが います。　　　옆에 친구가 있습니다.
家の 外に 犬が います。　　　집 바깥에 개가 있습니다.

4　~と~ ~와(과)~ 【나열】

명사와 명사를 나열할 때는「と」를 사용한다.

机と いすが あります。　　　책상과 의자가 있습니다.
眼鏡と ケータイが あります。　안경과 핸드폰이 있습니다.
小林さんと チェさんが います。

　　　　　　　　　　　　　　고바야시씨와 최○○씨가 있습니다.
犬と ねこが います。　　　　개와 고양이가 있습니다.

5　~や~　~이나~ 【나열】

「や」도 명사와 명사를 나열할 때 사용하지만,「と」와 달리「や」는 나열한 것 이외에도 다른 것이 있을 때 사용한다.「など(등)」과 함께 쓰일 때가 많다.

眼鏡や ケータイが あります。

　안경이나 핸드폰이 있습니다.(안경, 핸드폰 이외의 물건도 있다.)
犬や ねこ などが います。

　개나 고양이등이 있습니다.(개, 고양이 이외에도 동물들이 있다.)

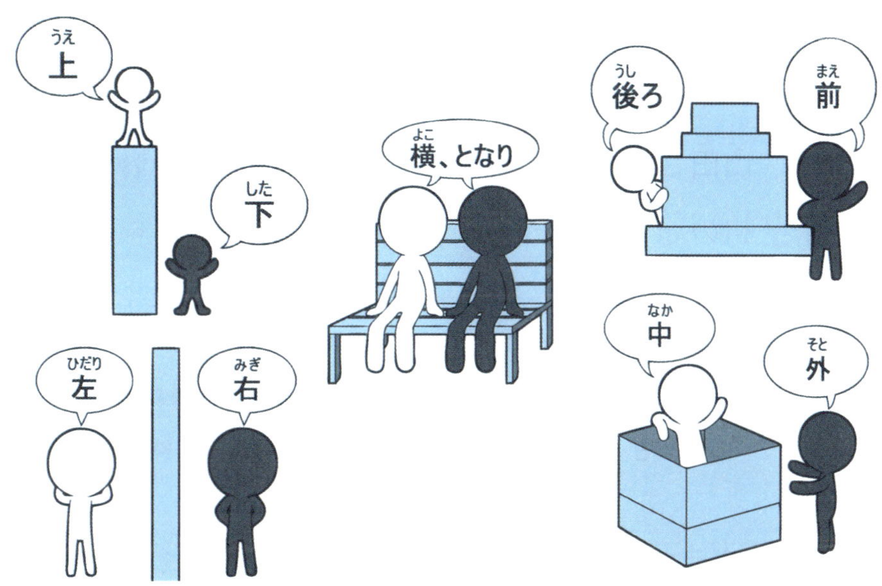

ベンチの 下に ねこが います。　벤치 아래에 고양이가 있습니다.

机の 右に 本が あります。　책상 오른쪽에 책이 있습니다.

部屋の 中に 人が います。　방 안에 사람이 있습니다.

キムさんの となりに 鈴木さんが います。

김○○씨 옆에 스즈키씨가 있습니다.

テレビの 後ろに まどが あります。

텔레비전 뒤에 창문이 있습니다.

7 ~よ　~요【종조사】

　문장 맨 끝에 붙어 상대방이 알아차리지 못한 것에 대해 주의를 환기
시키거나 강조할 때 사용한다.

山田さんの 後ろに 犬が いますよ。　야마다씨 뒤에 개가 있어요.

机の 上に ノートが ありますよ。　　책상 위에 노트가 있어요.

8 どれも　다, 모두, 어느 것이나

　「どれも」는 해당하는 물건이 3개 이상 있을 때 사용한다.

(ドラマ、アニメ、映画)どれも　おもしろいです。

　　(드라마, 애니메이션, 영화) 다 재미있습니다.

(眼鏡、ケータイ、本)どれも　キムさんのでは ありません。

　　(안경, 휴대전화, 책) 모두 다, 김○○씨 것이 아닙니다.

01 다음 보기와 같이 단어를 밑줄 친 곳에 넣어 연습해 보세요.

‖ 보기 ‖

A：テーブルの 上^{うえ}に 何^{なに}が ありますか。

B：テーブルの 上^{うえ}に <u>メニュー</u>が あります。

① 本^{ほん}　　　② 雑誌^{ざっし}　　　③ 眼鏡^{めがね}

④ ケータイ　　　⑤ お茶^{ちゃ}

02 다음 보기와 같이 단어를 밑줄 친 곳에 넣어 연습해 보세요.

‖ 보기 ‖

A：店^{みせ}の 前^{まえ}に 誰^{だれ}が いますか。

B：店^{みせ}の 前^{まえ}に <u>田中^{たなか}さん</u>が います。

① 小林^{こばやし}さん　　　② 鈴木^{すずき}さん　　　③ キムさん

④ チェさん　　　⑤ 山田^{やまだ}さん

03 다음 보기와 같이 문장을 만들어 보세요.

> ┃보기┃
>
> ケータイ(○) / 眼鏡(✗)
>
> → ケータイは あります。眼鏡は ありません。
>
> 田中さん(○) / 小林さん(✗)
>
> → 田中さんは います。小林さんは いません。

① 机(○) / いす(✗)

→ ____

② ノート(○) / 鉛筆(✗)

→ ____

③ かばん(○) / カメラ(✗)

→ ____

④ キムさん(○) / チェさん(✗)

→ ____

⑤ 山田さん(○) / 斎藤さん(✗)

→ ____

04 다음 보기와 같이 주어진 단어로 문장을 만들어 보세요.

> ‖보기‖
>
> 本 / 雑誌 → 本と 雑誌が あります。
> 鈴木さん / 田中さん
> → 鈴木さんと 田中さんが います。

① コーヒー / お茶　　　　　→ ______________________

② パソコン / ケータイ　　　→ ______________________

③ ペン / 鉛筆　　　　　　　→ ______________________

④ ブラウンさん / チンさん　→ ______________________

⑤ 犬 / ねこ　　　　　　　　→ ______________________

05 다음 보기와 같이 단어를 밑줄 친 곳에 넣어 연습해 보세요.

> ‖보기‖
>
> 図書館の 前に 大きな 家が あります。

① 横　　　② 右　　　③ 左　　　④ 後ろ　　　⑤ 外

단어

図書館　도서관

01 다음 밑줄 친 곳에 「あります」「います」 중 알맞은 표현을 넣으세요.

① ここに 眼鏡が＿＿＿＿＿＿＿＿＿＿＿＿＿＿＿＿＿＿＿＿＿＿

② あそこに 先生が＿＿＿＿＿＿＿＿＿＿＿＿＿＿＿＿＿＿＿＿＿

③ 家の 前に 図書館が＿＿＿＿＿＿＿＿＿＿＿＿＿＿＿＿＿＿

④ 机の 中に 電子辞書が＿＿＿＿＿＿＿＿＿＿＿＿＿＿＿＿＿

⑤ 家の 前に ねこが＿＿＿＿＿＿＿＿＿＿＿＿＿＿＿＿＿＿＿＿

02 다음 그림을 보고 「ありません」「いません」 중 알맞은 표현을 넣으세요.

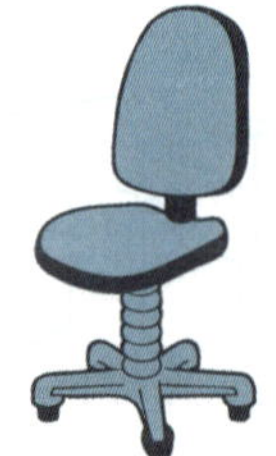

① いすは あります。
　机は＿＿＿＿＿＿＿＿＿＿＿＿＿。

② 先生は います。
　学生は＿＿＿＿＿＿＿＿＿＿＿＿＿。

③ 何も＿＿＿＿＿＿＿＿＿＿＿＿。

④ 誰も＿＿＿＿＿＿＿＿＿＿＿＿。

03 다음 그림을 보고 알맞은 말을 넣어 보세요.

① いすの＿＿＿＿＿に
犬が います。

② 机の＿＿＿＿＿に
パソコンが あります。

③ 鈴木さんの＿＿＿＿＿に
キムさんが います

④ ベッドの＿＿＿＿＿に
かばんが あります。

家							
いえ							

上							
うえ							

下							
した							

前							
まえ							

後ろ							
うし							

左							
ひだり							

右							
みぎ							

横							
よこ							

中							
なか							

外							
そと							

図書館							
としょかん							

좋은 날씨에요!

일본인과의 만남에는 여러 가지의 유형이 있다. 만남에 따라 인사말이 달라지고 인사법이 달라진다. 일본인과의 원활한 커뮤니케이션을 위해 계절이나 최근의 날씨에 관한 이야기를 하면서 분위기에 맞춰 호응을 하거나 서로의 근황에 대해 가볍게 물어보는 것이 예의이다. 최근과 같은 예년과 다른 날씨 변화를 공통의 화제거리로 삼으며 서로의 의견을 나누는 것도 유익한 만남의 테크닉이 되기도 한다.

날씨가 좋을 때는

「ほんとうに いい 天気ですね。」　　“정말 좋은 날씨이네요.”
「気持ちが いいですね。」　　　　　“기분 좋습니다.”

라고 인사말을 나눈다.

최근 같이 폭염이 계속 될 경우는

「なかなか 涼しく なりませんね。」　“좀처럼 날씨가 시원해지지않군요.”
「こまりますね。」　　　　　　　　　“곤란하네요.”
「早く 涼しく なると いいですね。」“빨리 시원해지면 좋겠어요.”

라는 정도로 가볍게 인사를 나누며 대화를 시작하는게 자연스럽다.

 제9과 | イチゴケーキはいくらですか。

チーズケーキは いくらですか。
チーズケーキは 5,000ウォンです。

食事は 何に しますか。
カレーライスに します。

チーズケーキと いちごケーキを 一つずつ ください。

단어

いくら	얼마	食事	식사	一つ	한, 하나
ください	주세요	デパート	백화점	ここ	여기
本当	정말	どうですか	어때요?	あのう	저기
少々	조금	円	엔(일본의 화폐)		
チーズケーキ	치즈케잌			カレーライス	카레라이스
いちごケーキ	딸기케잌			~に します	~(으)로 하겠어요
デパ地下	백화점 지하(식품)매장			おいしそう	맛있어보여요
まよっちゃうな	고민되는데			~に しよう	~(으)로 할게요
お待ちください	기다려주세요			そうですね	글쎄요

ずつ 씩
わあ 와아(감탄사)
じゃ(=では) 그럼
ウォン 원(한국의화폐)

デパートで　百貨店에서

田中：ここが 韓国の デパ地下ですね。わあ、おいしそう。

チェ：本当ですね。ケーキは どうですか。

田中：いいですね。あのう、すみません。

　　　いちごケーキは いくらですか。

店員：4,500ウォンです。

田中：チーズケーキは いくらですか。

店員：チーズケーキは 5,000ウォンです。

田中：チェさん、どれが いいですか。

チェ：そうですね。まよっちゃうな。

　　　じゃ、私は チーズケーキに しよう。

田中：それでは、

　　　チーズケーキと いちごケーキを 一つずつ ください。

店員：はい、少々 お待ちください。

문법알기

1

いくらですか　얼마입니까?【가격 묻기】

「いくら」는 '얼마'라는 뜻이로, 가격을 물을 때 사용한다.

この かばんは いくらですか。	이 가방은 얼마입니까
ドーナツは いくらですか。	도너츠는 얼마입니까?
全部で いくらですか。	모두 얼마입니까?

2

숫자 알기

(1) 수・고유수사

一 1	二 2	三 3	四 4	五 5
いち	に	さん	し・よん	ご
六 6	七 7	八 8	九 9	十 10
ろく	しち・なな	はち	く・きゅう	じゅう

一つ 하나	二つ 둘	三つ 셋	四つ 넷	五つ 다섯
ひとつ	ふたつ	みっつ	よっつ	いつつ
六つ 여섯	七つ 일곱	八つ 여덟	九つ 아홉	十 열
むっつ	ななつ	やっつ	ここのつ	とお

> **Tip**
> ・숫자 0 은 「ゼロ・れい」라고 읽는다.
> ・숫자 0 을 강조해 「まる」라고도 읽는다.
> 　예 109「いちまるきゅう」

<ruby>何十<rt>なんじゅう</rt></ruby>	<ruby>何百<rt>なんびゃく</rt></ruby>	<ruby>何千<rt>なんぜん</rt></ruby>	<ruby>何万<rt>なんまん</rt></ruby>
10 じゅう	100 ひゃく	1000 せん	10000 いちまん
20 にじゅう	200 にひゃく	2000 にせん	100000 じゅうまん
30 さんじゅう	300 さんびゃく	3000 さんぜん	1000000 ひゃくまん
40 よん(し)じゅう	400 よんひゃく	4000 よんせん	10000000 いっせんまん
50 ごじゅう	500 ごひゃく	5000 ごせん	
60 ろくじゅう	600 ろっぴゃく	6000 ろくせん	
70 ななじゅう	700 ななひゃく	7000 ななせん	
80 はちじゅう	800 はっぴゃく	8000 はっせん	
90 きゅうじゅう	900 きゅうひゃく	9000 きゅうせん	

Tip

10000과 10000000은 한국어로 '만', '천만'이라고 하지만, 일본어로는 숫자 '1'을 넣어 「いちまん」「いっせんまん」이라고 하므로 주의하자.

(2) 조수사

	1人	2人	3人	4人	5人
何人 (なんにん) 사람	ひとり	ふたり	さんにん	よにん	ごにん
	6人	7人	8人	9人	10人
	ろくにん	しちにん	はちにん	きゅうにん	じゅうにん
何個 (なんこ) 개수	1個	2個	3個	4個	5個
	ひとつ いっこ	ふたつ にこ	みっつ さんこ	よっつ よんこ	いつつ ごこ
	6個	7個	8個	9個	10個
	むっつ ろっこ	ななつ ななこ	やっつ はっこ	ここのつ きゅうこ	とお じゅっこ
何本 (なんほん) 우산 연필 담배	1本	2本	3本	4本	5本
	いっぽん	にほん	さんぼん	よんほん	ごほん
	6本	7本	8本	9本	10本
	ろっぽん	ななほん	はっぽん	きゅうほん	じゅっぽん
何階 (なんかい) 층수	1階	2階	3階	4階	5階
	いっかい	にかい	さんがい	よんかい	ごかい
	6階	7階	8階	9階	10階
	ろっかい	ななかい	はちかい (はっかい)	きゅうかい	じゅっかい
何枚 (なんまい) 장수 종이 천	1枚	2枚	3枚	4枚	5枚
	いちまい	にまい	さんまい	よんまい	ごまい
	6枚	7枚	8枚	9枚	10枚
	ろくまい	ななまい	はちまい	きゅうまい	じゅうまい
何冊 (なんさつ) 권수 책 잡지	1冊	2冊	3冊	4冊	5冊
	いっさつ	にさつ	さんさつ	よんさつ	ごさつ
	6冊	7冊	8冊	9冊	10冊
	ろっさつ	ななさつ	はっさつ	きゅうさつ	じゅっさつ
何杯 (なんばい) 잔 음료 수	1杯	2杯	3杯	4杯	5杯
	いっぱい	にはい	さんばい	よんはい	ごはい
	6杯	7杯	8杯	9杯	10杯
	ろっぱい	ななはい	はっぱい	きゅうはい	じゅっぱい
기타	足 (そく) 켤레(양말,신발)　台 (だい) 대(차,자전거,텔레비전) 回 (かい) 회(횟수)　歳・才 (さい・さい) 살(나이)				

3 ~を ください   ~을(를) 주세요

상대방에게 물건을 요구할때 쓰는 표현이다.

大きい かばんを ください。　　커다란 가방을 주세요.

その 時計を ください。　　그 시계를 주세요.

4 ~に します   ~(으)로 하겠어요

결정을 내릴 때 「~に します」를 사용해 '~로 하겠어요'라는 의미로 사용된다.

A : 飲み物は 何に しますか。　　마실 것은 무엇으로 하겠습니까?

B : お茶に します。　　차로 하겠습니다.

A : 赤い くつと 白い くつ、どれに しますか。

　　　　　　빨간 구두와 흰구두 어느 것으로 하겠습니까?

B : 赤いのに します。　　빨간 것으로 하겠어요.

昼ごはんは 焼きそばに します。　점심밥은 야키소바로 할래요.

~ずつ　~씩

にんじんと　みかんを　三つずつ　ください。

당근과 귤을 3개씩 주세요.

一人ずつ　話して　ください。　　한 사람씩 말하세요.

6

そうですね　글쎄요

「そうですね」는 상대방의 말에 맞장구를 치거나 상대편의 말에 동의한다는 의미의 "그렇군요"이라는 용법과 어찌해야 할지 망설인다는 뜻의 "글쎄요"라는 두 가지 용법이 있다.

A : メロンパンが　一番　おいしいですね。

메론빵이 가장 맛있군요.

B : そうですね。　　　　　　그렇군요.

A : プレゼントは　財布に　しますか。化粧品に　しますか。

선물을 지갑으로 할까요? 화장품으로 할까요?

B : そうですね。　　글쎄요.

まよっちゃうな　고민되는데

대상을 두고 선택을 하기위해 고민을 할 때 사용하는 표현이다. 회화에 많이 사용되므로 알아 두자.

どっちも いい映画だよね。まよっちゃうな。

　　　모두 괜찮은 영화네. (어떤 걸 봐야할지) 고민되는데.

どれが いいか まよっちゃうな。

　　　어느 것으로 해야 할 지 고민되는데.

8 何 무엇 / どれ 어느 것

「何(なん・なに)」은 불특정한 것 중에 무엇인가를 물어보는 것이며, 「どれ」는 특정한 몇 가지 중에 선택적으로 어느 것인가를 물어볼 때 사용한다.

あなたが 好きな 食べ物は 何ですか。

　　　당신이 좋아하는 음식은 무엇입니까?

トンカツ、カレーライス、ラーメンの 中で どれが 一番 好きですか。

　　　돈까스, 카레라이스, 라면 중에 어느 것을 가장 좋아합니까?

단어

ドーナツ	도너츠	お茶	차	くつ	구두
にんじん	당근	みかん	귤	三つ	세 개
メロンパン	메론빵	プレゼント	선물	財布	지갑
トンカツ	돈까스	ラーメン	라면	~の中で	~가운데, ~중에
全部で	모두 합쳐(전부)			飲み物	마실 것(음료수)
焼きそば	야키소바(일본음식.볶음 우동)			話して ください	말해 주세요
一番	가장, 제일			どっちも	(양쪽) 모두

昼ごはん	점심
一人	한 사람
化粧品	화장품

01 보기와 같이 다음 주어진 물건이 얼마인지 묻고
주어진 가격대로 대답해 보세요.

‖보기‖

> A：ケータイは いくらですか。
>
> B：ケータイは <u>はちまんはっせん</u>ウォンです。

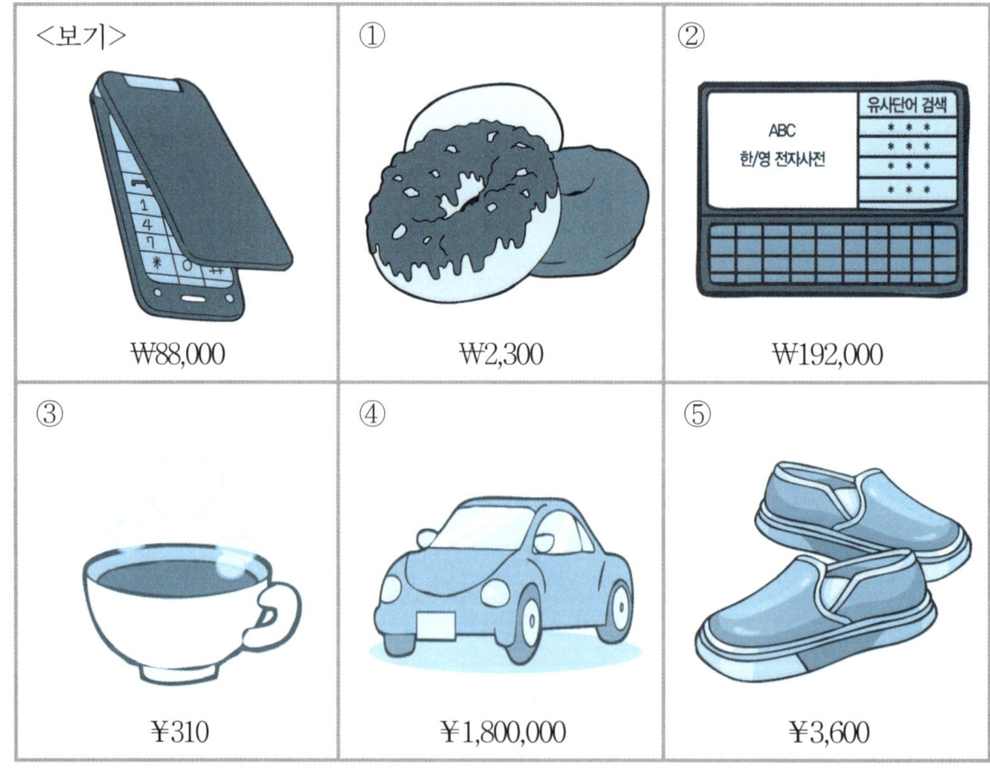

 다음 그림을 보고 회화 연습을 해 봅시다.

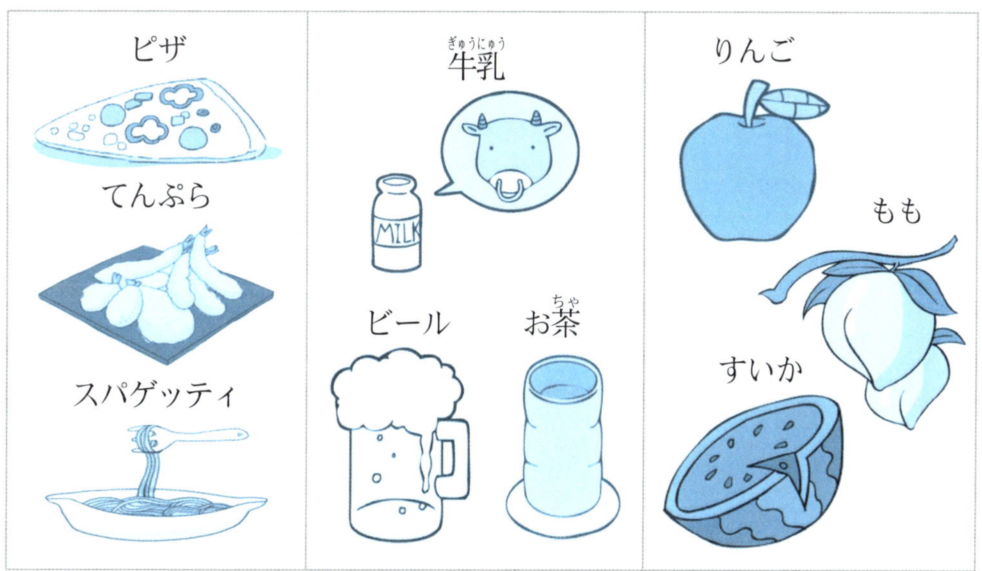

① A : ＿＿＿＿＿＿は どうですか。
   B : そうですね。 / いいですよ。

② A : 食べ物は どれに しますか。
   B : ＿＿＿＿＿＿に します。

③ A : 飲み物は どれに しますか。
   B : ＿＿＿＿＿＿に します。

④ A : 果物は どれに しますか。
   B : ＿＿＿＿＿＿に します。

03 다음 보기와 같이 단어를 밑줄 친 곳에 넣어 연습해 보세요.

> ‖보기‖
>
> <u>りんご</u>を ください。

① コーヒー   ② オムライス   ③ みかん

④ ドーナツ   ⑤ にんじん

단어

ピザ 피자	てんぷら 튀김	スパゲッティ 스파게티	牛乳 우유
ビール 맥주	りんご 사과	もも 복숭아	すいか 수박
飲み物 마실 것			

01 다음 그림을 보고 대화를 해보세요.

‖보기‖

A : <u>ノート</u>を <u>二冊</u>ください。

B : 全部で <u>2,600ウォン</u>です。

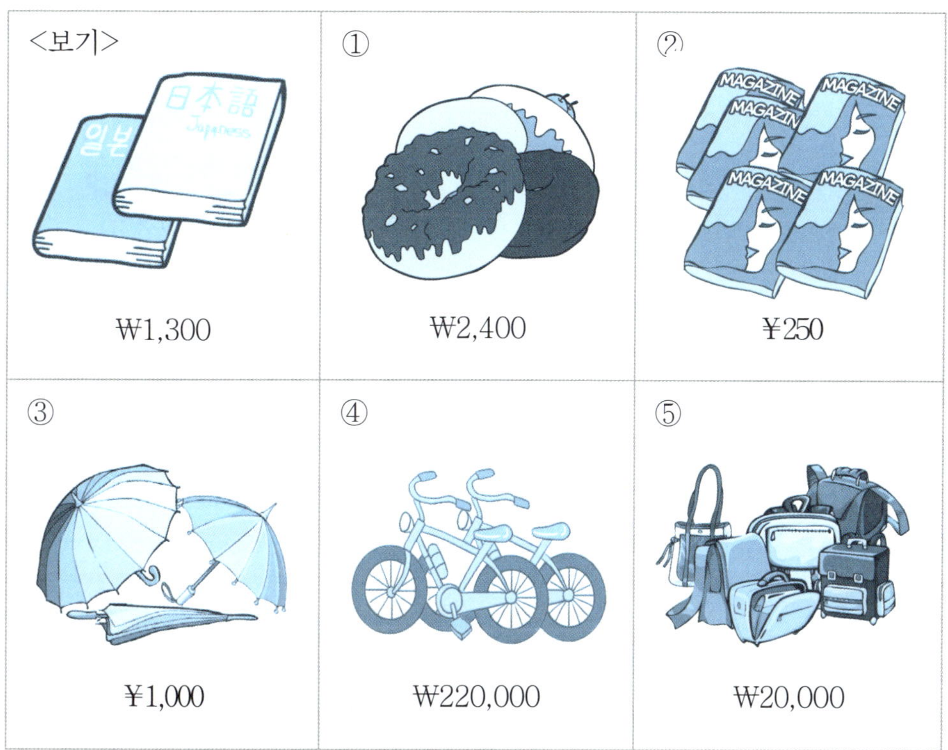

연습해 봅시다!

02 그림을 보고 보기와 같이 연습해 보세요.

|| 보기 ||

A : ＿＿＿＿＿ は どうですか。

B : いいですね。 / そうですね。

① アイスクリーム　　　　② デジカメ

③ 牛乳　　　　④ トンカツ　　　　⑤ 赤いかばん

03 밑줄 친 곳에 다음에 제시하는 말을 넣어 보기와 같이 연습해 보세요.

|| 보기 ||

A : ＿＿＿＿＿ は 何に しますか。

B : ＿＿＿＿＿ に します。

① お食事 / ラーメン　　　② お昼 / カレーライス
③ 飲み物 / ビール　　　④ 果物 / もも
⑤ 食べ物 / ケーキ

食事
しょくじ

地下
ちか

本当
ほんとう

一番
いちばん

全部
ぜんぶ

財布
さいふ

飲み物
の　もの

化粧品
けしょうひん

牛乳
ぎゅうにゅう

昼
ひる

제10과 ┃ 学園祭_{がくえんさい}はいつですか。

学園祭_{がくえんさい}は いつですか。

5月_{ごがつ} 8日_{ようか}です。

今日_{きょう}は 何曜日_{なんようび}ですか。

月曜日_{げつようび}です。

授業_{じゅぎょう}は 何時_{なんじ}からですか。

午前_{ごぜん}9時_{くじ}から 12時_{じゅうにじ}までです。

日_{にち}	날	月曜日_{げつようび}	월요일	何時_{なんじ}	몇 시	~から ~ 부터
~まで	~까지	いつ	언제	学園祭_{がくえんさい}	축제	午前_{ごぜん} 오전
時_じ	시	もう	이제, 벌써	今月_{こんげつ}	이번달	
ところで	그런데	何曜日_{なんようび}	무슨 요일	うちの 学校_{がっこう}	우리 학교	
休_{やす}み	휴일, 쉬는 날		とんでもない	말도 안돼요	
こんな 時間_{じかん}	이런 시간		お先_{さき}に 失礼_{しつれい}します	먼저 실례하겠습니다	

チェ：もう 5月です。今月は 学園祭が ありますよ。

小林：そうですか。学園祭は いつですか。

チェ：うちの 学校は 10日から 14日までです。

田中：10日は 何曜日ですか。

チェ：月曜日です。

田中：それじゃ、月曜日の 授業は 休みですか。

チェ：とんでもない。授業は ありますよ。

小林：あ、ところで、田中さん。授業は？

田中：あっ、もう こんな 時間。

　　　3時から 5時まで 韓国語の 授業です。

　　　お先に 失礼します。

문법알기

1 시각

▶ 시간 何時ですか 몇시입니까?

一時 1시	二時 2시	三時 3시	四時 4시	五時 5시	六時 6시
いちじ	にじ	さんじ	よじ	ごじ	ろくじ
七時 7시	八時 8시	九時 9시	十時 10시	十一時 11시	十二時 12시
しちじ	はちじ	くじ	じゅうじ	じゅういちじ	じゅうにじ

▶ 분 何分ですか 몇분입니까?

一分 1분	二分 2분	三分 3분	四分 4분	五分 5분
いっぷん	にふん	さんぷん	よんふん	ごふん
六分 6분	七分 7분	八分 8분	九分 9분	十分 10분
ろっぷん	ななふん	はっぷん	きゅうふん	じっぷん じゅっぷん

※ 30분은 「さんじゅっぷん(さんじっぷん)」 또는 「半(はん)」이라고 한다.

▶ 달 何月ですか : 몇월입니까?

一月 1월	二月 2월	三月 3월	四月 4월	五月 5월	六月 6월
いちがつ	にがつ	さんがつ	しがつ	ごがつ	ろくがつ
七月 7월	八月 8월	九月 9월	十月 10월	十一月 11월	十二月 12월
しちがつ	はちがつ	くがつ	じゅうがつ	じゅういちがつ	じゅうにがつ

▶ 날짜 何日<ruby>なんにち</ruby>ですか : 며칠입니까?

一日 1일	二日 2일	三日 3일	四日 4일	五日 5일
ついたち	ふつか	みっか	よっか	いつか
六日 6일	七日 7일	八日 8일	九日 9일	十日 10일
むいか	なのか	ようか	ここのか	とおか
十一日 11일	十二日 12일	十三日 13일	十四日 14일	十五日 15일
じゅういちにち	じゅうににち	じゅうさんにち	じゅうよっか	じゅうごにち
十六日 16일	十七日 17일	十八日 18일	十九日 19일	二十日 20일
じゅうろくにち	じゅうしちにち	じゅうはちにち	じゅうくにち	はつか
二十一日 21일	二十二日 22일	二十三日 23일	二十四日 24일	二十五日 25일
にじゅういちにち	にじゅうににち	にじゅうさんにち	にじゅうよっか	にじゅうごにち
二十六日 26일	二十七日 27일	二十八日 28일	二十九日 29일	三十日 30일
にじゅうろくにち	にじゅうしちにち	にじゅうはちにち	にじゅうくにち	さんじゅうにち

▶ 요일 何曜日<ruby>なんようび</ruby>ですか : 무슨 요일입니까?

月曜日 월요일	火曜日 화요일	水曜日 수요일	木曜日 목요일	金曜日 금요일	土曜日 토요일	日曜日 일요일
げつようび	かようび	すいようび	もくようび	きんようび	どようび	にちようび

2

시간 나타내기

おととい	昨日 （きのう）	今日 （きょう）	明日 （あす/あした）	あさって	毎日 （まいにち）
先々週 （せんせんしゅう）	先週 （せんしゅう）	今週 （こんしゅう）	来週 （らいしゅう）	再来週 （さらいしゅう）	毎週 （まいしゅう）
先々月 （せんせんげつ）	先月 （せんげつ）	今月 （こんげつ）	来月 （らいげつ）	再来月 （さらいげつ）	毎月 （まいげつ）
おととし	去年・昨年 （きょねん・さくねん）	今年 （ことし）	来年 （らいねん）	再来年 （さらいねん）	毎年 （まいとし）

아침	점심	저녁	밤	오전	오후	어제저녁	오늘아침
朝 （あさ）	昼 （ひる）	夕方 （ゆうがた）	夜 （よる）	午前 （ごぜん）	午後 （ごご）	ゆうべ	今朝 （けさ）

～から ～まで ～에서 ～까지

시간, 숫자 등 정해진 범위의 시작과 끝을 나타내는 말이다. 장소의 기점과 종착점을 나타낼 때도 사용한다.

授業（じゅぎょう）は 1時（じ）から 3時（じ）までです。

　　　　　　　수업은 1시부터 3시까지입니다.

試験（しけん）は 月曜日（げつようび）から 金曜日（きんようび）までです。

　　　　　　　시험은 월요일부터 금요일까지입니다.

ソウルから 東京（とうきょう）まで 2時間（じかん）です。

　　　　　　　서울에서 도쿄까지 2시간입니다.

4 **もう** 벌써

「もう」는 '벌써'라는 뜻으로 생각보다 빨리 시간이 지나갔음을 나타낸다.

あ、**もう** こんな 時間ですね。 앗, 벌써 시간이 이렇게 되었군요.

Ｔｉｐ

「**もう** お腹が いっぱいです」 '이제 배가 불러요' 와 같이 '이제(이미) ~하다' 를 나타낼 때 수도 있다

5 **とんでもない** 아닙니다, (예상밖이라)당치도 않다

말하는 것 만큼 미치지못한다는 뜻으로 상대방의 말을 정중하게 부정할 때에 쓰이는 말이다.

Ａ：日本語が 上手ですね。　　일본어를 잘하시네요.
Ｂ：**とんでもないです。**　　아닙니다.

試驗　시험　　ソウル　서울(지명)　　東京　도쿄(지명)　　お腹　배
いっぱい　가득

01 다음 시계를 보고 시간을 말 해 보세요.

> ‖보기‖
>
> 
>
> 今、何時ですか。 → 3時です。

① 

② 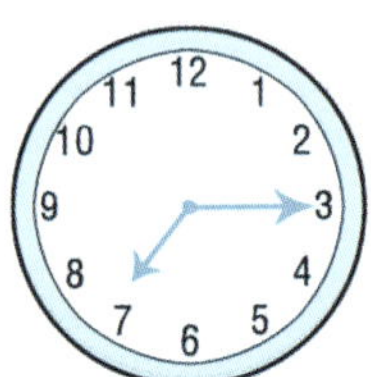

③ 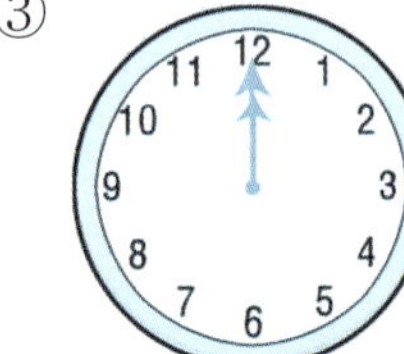

____

④ 

⑤ 

____

 다음 밑줄 친 곳에 아래의 단어를 넣어 보기와 같이 연습해 보세요.

‖보기‖

テスト / ６月12日
→ A：<u>テスト</u>は いつですか。
　　B：<u>６月12日</u>です。

---

① テスト / あさって

　→ A:＿＿＿＿＿＿＿＿＿＿＿＿＿＿＿＿＿＿

　　B:＿＿＿＿＿＿＿＿＿＿＿＿＿＿＿＿＿＿

② 日本語の 授業 / 毎週 水曜日

　→ A:＿＿＿＿＿＿＿＿＿＿＿＿＿＿＿＿＿＿

　　B:＿＿＿＿＿＿＿＿＿＿＿＿＿＿＿＿＿＿

③ 休み / 今週の 木曜日

　→ A:＿＿＿＿＿＿＿＿＿＿＿＿＿＿＿＿＿＿

　　B:＿＿＿＿＿＿＿＿＿＿＿＿＿＿＿＿＿＿

④ コンサート / 来月の 24日

　→ A:＿＿＿＿＿＿＿＿＿＿＿＿＿＿＿＿＿＿

　　B:＿＿＿＿＿＿＿＿＿＿＿＿＿＿＿＿＿＿

03 다음 밑줄 친 곳에 아래의 단어를 넣어 보기와 같이 연습해 보세요.

‖ 보기 ‖

学園祭 / 5月8日~5月14日
→ A：学園祭は いつから いつまでですか。
　 B：5月8日から 5月14日までです。

① ゴールデンウィーク / 4月29日~5月5日

　 → A：_______________________________

　　 B：_______________________________

② 郵便局 / 月曜日~金曜日

　 → A：_______________________________

　　 B：_______________________________

③ コンサート / 7時~8時半

　 → A：_______________________________

　　 B：_______________________________

04 다음 밑줄 친 곳에 주어진 말을 넣어 연습해보세요.

> ‖보기‖
>
> 日本語の 授業 / 2時 ～ 4時
> → A：日本語の 授業は 何時から 何時までですか。
> 　　B：2時から 4時までです。

① スーパー / 午前10時~午後9時

　→　A：＿＿＿＿＿＿＿＿＿＿＿＿＿＿＿＿＿

　　　B：＿＿＿＿＿＿＿＿＿＿＿＿＿＿＿＿＿

② 病院 / 午前10時30分~午後 7時

　→　A：＿＿＿＿＿＿＿＿＿＿＿＿＿＿＿＿＿

　　　B：＿＿＿＿＿＿＿＿＿＿＿＿＿＿＿＿＿

③ 銀行 / 9時~4時半

　→　A：＿＿＿＿＿＿＿＿＿＿＿＿＿＿＿＿＿

　　　B：＿＿＿＿＿＿＿＿＿＿＿＿＿＿＿＿＿

단어

テスト	테스트	あさって	모레	今週 이번주		毎週 매주
コンサート	콘서트	来月	다음달	郵便局 우체국		病院 병원
銀行	은행	半	반, 30분			
ゴールデンウィーク	골든위크(일본의 황금연휴)		スーパー(マーケット) 슈퍼마켓			

01 다음 일본의 국경일을 보고 대답해보세요.

1月 1日	元旦	1月 2週目の月曜日	成人の日
2月11日	建国記念日	3月21日	春分の日
4月29日	昭和の日	5月 3日	憲法記念日
5月 4日	みどりの日	5月 5日	子供の日
7月 3週目の月曜日	海の日	9月 3週目の月曜日	敬老の日
9月23日	秋分の日	10月 2週目の月曜日	体育の日
11月 3日	文化の日	11月23日	勤労感謝の日
12月23日	天皇誕生日		

① みどりの日は いつですか。　② 子供の日は いつですか。

③ 文化の日は いつですか。　④ 元旦は いつですか。

02 다음 그림을 보고 적당한 대화를 만들어 보세요.

① 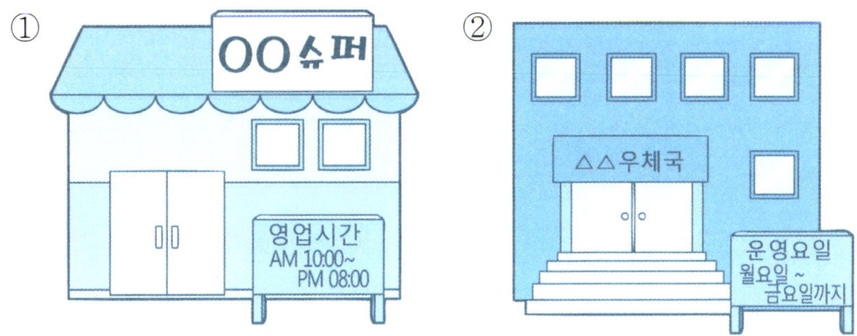

②

③ 

Mon	Tue	Wed	Thu	Fri	Sat	Sun
4/25	4/26	4/27	4/28	4/29 昭和の日	4/30	5/1
5/2	5/3 憲法記念日	5/4 みどりの日	5/5 子供の日	5/6	5/7	5/8
5/9	5/10	5/11	5/12	5/13	5/14	5/15
5/16	5/17	5/18	5/19	5/20	5/21	5/22

ゴールデンウィーク

① スーパーは 何時（なんじ）から 何時（なんじ）までですか＿＿＿＿＿＿＿＿＿。
＿＿＿＿＿＿＿＿＿＿＿＿＿＿＿＿＿＿＿＿＿＿。

② 郵便局（ゆうびんきょく）は 何曜日（なんようび）から 何曜日（なんようび）までですか＿＿＿＿＿＿＿。
＿＿＿＿＿＿＿＿＿＿＿＿＿＿＿＿＿＿＿＿＿。

③ ゴールデンウィークは いつから いつまでですか＿＿＿＿＿＿。
＿＿＿＿＿＿＿＿＿＿＿＿＿＿＿＿＿＿＿＿＿。

学園祭							
がくえんさい							

時間							
じかん							

失礼							
しつれい							

午前							
ごぜん							

午後							
ごご							

今朝							
けさ							

曜日							
ようび							

学校							
がっこう							

郵便局							
ゆうびんきょく							

病院							
びょういん							

銀行							
ぎんこう							

일본의 대학축제

일본 대학에서는 봄과 가을에 축제가 열립니다.

우선 축제를 열기 위해 학생회와는 별도로 축제운영위원회가 설치됩니다. 몇 달 전부터 참가할 동아리 혹은 단체별로 무엇을 할지 그리고 무엇이 필요한지 신청서를 받아 전체적인 축제 운영에 관해 계획을 세우고 실행을 하게 됩니다.

평일에 축제를 하는 한국 대학과는 달리 토요일과 주말을 끼고 축제를 하기 때문에 일반인이 참여하는 것이 일본 대학 축제의 가장 큰 특징입니다. 때로는 아이들의 손을 잡고 혹은 유모차를 끌고 가족 단위로 문화 행사를 보기 위해 나들이하는 모습도 볼 수가 있습니다.

각 동아리마다 문화 행사나 공연을 합니다. 동아리에 따라서는 전시회를 열기도 하고 음식을 파는 임시 가판대를 마련하기도 하는데 주점을 운영하는 대학은 거의 없습니다. 만약 술이 마시고 싶다면 각자 알아서 조달해야 합니다.

일본의 지역 축제와 마찬 가지로 야키소바(「やきそば」), 일본식 부침개인 오코노미야키(「お好み焼き」), 타코야키(「たこやき」), 핫케익(「ホットケーキ」), 돼지고기 야채 스프인 돈지루(「豚汁」), 오뎅(「おでん」) 등 먹거리도 다양합니다.

각국의 학생모임에서는 고국의 문화를 소개하고자 음식 가판을 마련해 판매합니다만, 한국 유학생들은 주로 부침개 「チヂミ」, 떡볶이 「トッポキ」, 김밥 「キムパブ」 등을 준비하는데, 인기가 많아 금새 바닥이 납니다.

회화 point

図書館で 勉強しますか。

はい、図書館で 勉強します。

いいえ、図書館で 勉強しません。

ノートを 使いますか。

はい、使います。

いいえ、使いません。

音楽を 聞きながら 歩きます。

단어

そうですか	그렇습니까?	使う	쓰다, 사용하다
貸して ください	빌려 주세요	見る	보다
		～ながら	～하면서

キム：小林さん、来週は 試験ですね。

小林：そうですね。キムさんは 今日、どこで 勉強しますか。

キム：図書館で 勉強します。

　　　小林さんも 図書館で 勉強しますか。

小林：いいえ、今日は 図書館で 勉強しません。

　　　家で 勉強します。

キム：そうですか。

　　　ところで、小林さんは 今日、ノートを 使いますか。

小林：いいえ、今日は 使いません。

キム：では、すみませんが ノートを 貸して ください。

　　　今日は 小林さんの ノートを 見ながら 勉強します。

小林：はい、どうぞ。

1

동사

일본어 동사는 기본형의 어간 발음이 う단의 음 (う、く、す、つ、ぬ、ふ、ぶ、む、ゆ、る) 으로 끝나며, 그 모양에 따라 3개의 그룹으로 나누어진다.

▶ **1그룹(5단동사)** 어미 부분이 「あいうえお」 5단에 걸쳐 활용하는 동사

書く 쓰다　　　死ぬ 죽다　　　売る 팔다

帰る 돌아가다　　泳ぐ 헤엄치다

T i p

「帰る」는 어미가 「る」로 끝나고, 「る」앞에 え단의 음이 오는 동사지만, 활용은 5단에 걸쳐 활용하기 때문에 2그룹이 아니라 1그룹에 들어간다. (入る 들어가다, 要る 필요하다, 切る 끊다, 走る 달리다 도 1그룹 동사에 들어간다)

▶ **2그룹(1단동사)** 기본형의 어미가 「る」로 끝나고, 「る」앞에 い단이나 え단의 음이 오는 동사

起きる 일어나다　　見る 보다　　食べる 먹다　　寝る 자다

▶ **3그룹(변격동사)** 불규칙적으로 활용하는 동사

来る 오다　　　する 하다

2 동사의 ます형

「동사+ます」는 한국말로 '~(ㅂ)니다', '~요'에 해당하는 정중한 표현이다. 또한 「동사+ません」은 ます형의 부정형(~지 않습니다)이며, 「동사+ますか」는 ます형의 의문형(~(ㅂ)니까?)이다.

▶ 1그룹은 어미 'う단'을 'い단'으로 바꾸고 「ます」, 「ません」, 「ますか」를 붙인다.

	기본형	ます(긍정)	ません(부정)	ますか(의문)
1그룹	書く 쓰다	書きます	書きません	書きますか
	泳ぐ 헤엄치다	泳ぎます	泳ぎません	泳ぎますか
	行く 가다	行きます	行きません	行きますか
	会う 만나다	会います	会いません	会いますか
	待つ 기다리다	待ちます	待ちません	待ちますか
	帰る 돌아가다	帰ります	帰りません	帰りますか
	死ぬ 죽다	死にます	死にません	死にますか
	遊ぶ 놀다	遊びます	遊びません	遊びますか
	読む 읽다	読みます	読みません	読みますか
	話す 말하다	話します	話しません	話しますか
	貸す 빌려주다	貸します	貸しません	貸しますか

▶ 2그룹은 어미 'る'를 없애고 「ます」, 「ません」, 「ますか」를 붙인다.

	기본형	ます(긍정)	ません(부정)	ますか(의문)
2그룹	起きる 일어나다	起きます	起きません	起きますか
	見る 보다	見ます	見ません	見ますか
	食べる 먹다	食べます	食べません	食べますか
	寝る 자다	寝ます	寝ません	寝ますか

▶ 3그룹은 불규칙으로 활용하기 때문에 꼭 외워야 한다.

	기본형	ます(긍정)	ません(부정)	ますか(의문)
3그룹	来る 오다	来ます	来ません	来ますか
	する 하다	します	しません	しますか

Tip

「勉強する」「運動する」등, '한자+ する'동사는 '~하다'의 뜻으로 활용은 「する」와 같이 하면 된다.

기본형	ます(긍정)	ません(부정)	ますか(의문)
勉強する 공부하다	勉強します	勉強しません	勉強しますか
運動する 운동하다	運動します	運動しません	運動しますか

3 ~で ~ます (장소)에서 ~(ㅂ)니다

　「で」앞에는 '학교', '도서관'과 같이 장소를 나타내는 단어가 오며「で」
는 그 장소에서 어떤 동작이 일어나는 것을 나타낸다.

公園で 運動します。　　　　　　공원에서 운동합니다.

図書館で 勉強します。　　　　　도서관에서 공부합니다.

レストランで 食事します。　　　레스토랑에서 식사합니다.

4 ~を ~ます ~을(를) ~(ㅂ)니다

　조사「を」는 아래와 같이 뒤에 오는 술어에 따라 장소, 시간, 대상, 방
향 등을 나타낸다.

公園を 走ります。(통과할 장소를 나타냄) 공원을 뜁니다.

夏休みを 日本で 過ごします。

　　　　　　(경과할 시간을 나타냄) 여름방학을 일본에서 보냅니다.

バスを 降ります。(내려올 대상을 나타냄) 버스를 내립니다.

下を 見ます。　　(동작의 방향을 나타냄) 아래를 봅니다.

5   ~ながら ~ます　~하면서 ~(ㅂ)니다

두가지의 동작을 동시에 할 때 사용하는 표현으로 「~ながら」는 '~하면서'이다.

音楽を 聞きながら 走ります。 음악을 들면서 뜁니다.

歩きながら 電話を します。　걸으면서 전화를 합나디.

食事を しながら テレビを 見ます。

식사를 하면서 텔레비전을 봅니다.

단어

公園	공원	運動する	운동하다	レストラン	레스토랑
食事する	식사하다	走る	뛰다, 달리다	夏休み	여름방학
過ごす	보내다	バス	버스	降りる	내리다
歩く	걷다				

01 다음 보기와 같이 바꾸어 보세요.

> ‖보기‖
> 待^まつ　→　待^まちます　　待^まちません　　待^まちますか

① 聞^きく　　　→　__________　__________　__________

② 遊^{あそ}ぶ　　　→　__________　__________　__________

③ 投^なげる　　→　__________　__________　__________

④ 運動^{うんどう}する　→　__________　__________　__________

⑤ 来^くる　　　→　__________　__________　__________

02 다음 보기와 같이 주어진 단어로 문장을 완성하세요.

> ‖보기‖
> 学校^{がっこう} / 運動^{うんどう}　→　学校^{がっこう}で 運動^{うんどう}します。

① 家^{いえ} / 勉強^{べんきょう}　　　→　______________________

② 日本^{にほん} / 旅行^{りょこう}　　→　______________________

③ デパート / 買^かい物^{もの}　→　______________________

④ レストラン / 食事^{しょくじ}　→　______________________

03 다음 보기와 같이 주어진 단어로 문장을 완성하세요.

> ‖보기‖
>
> 公園 / 走る　→　公園を 走ります。

① 新聞 / 読む　　　　　→ ________________________

② 楽しい 時間 / 過ごす

　　　　　　　　　　　→ ________________________

③ タクシー / 降りる　→ ________________________

④ 上 / 見る　　　　　→ ________________________

04 다음 보기와 같이 주어진 단어로 문장을 완성하세요.

> ‖보기‖
>
> 音楽 / 聞く / 走る
> → 音楽を 聞きながら 走ります。

① ラジオ / 聞く / 勉強する　→ ________________________

② 本 / 読む / 歩く　　　　　→ ________________________

③ 電話をする / 料理する　　→ ________________________

④ 話す / 運転する　　　　　→ ________________________

단어

投げる 던지다　　タクシー 택시　　ラジオ 라디오　　運転する 운전하다

01 다음 질문에 대답해보세요.

① 学校で 運動しますか。

いいえ、＿＿＿＿＿＿＿＿＿＿＿＿＿＿＿＿＿＿＿

② 家で ドラマを 見ますか。

はい、＿＿＿＿＿＿＿＿＿＿＿＿＿＿＿＿＿＿＿

③ 夏休みを ソウルで 過ごしますか。

いいえ、＿＿＿＿＿＿＿＿＿＿＿＿＿＿＿＿＿＿＿

④ ケーキを 食べますか。

いいえ、＿＿＿＿＿＿＿＿＿＿＿＿＿＿＿＿＿＿＿

⑤ 日本の 歌を 聞きますか。

はい、＿＿＿＿＿＿＿＿＿＿＿＿＿＿＿＿＿＿＿

02 다음 그림을 보고 보기와 같이 문장을 만들어 보세요.

‖보기‖

テレビを見る / 食事をする

テレビを 見ながら 食事を します。

①  話す / 料理する

②  電話する / パソコンをする

③  コーヒーを飲む / ドラマを見る

④  歌う / 走る

書く（か）							
泳ぐ（およ）							
会う（あ）							
待つ（ま）							
帰る（かえ）							
死ぬ（し）							
遊ぶ（あそ）							
読む（よ）							
話す（はな）							
運動（うんどう）							
夏休み（なつやす）							

제12과 ┃ 週末、予定が入っていますか。

회화 point

彼の 電話番号を 知って いますか。

はい、知って います。

今、何を して いますか。

電話を かけて います。

明日、映画を 見に 行きませんか。

はい、行きましょう。

ちょっと、休みましょうか。

はい、休みましょう。

단어 

予定	예정	入っている	들어 있다	電話番号	전화번호
今度	이번	かけている	걸고 있다	知っている	알고 있다
別に	별로, 특별히	何も	아무것도	だったら	그렇다면
一緒に	함께, 같이	海	바다	楽しそう	재미있겠다
行こう	가자	持って行く	갖고가다	用意する	준비하다
～ごろ	～경, 쯤	迎え	마중	～ましょう	～합시다
～ませんか	～하지 않겠습니까?				

チェ：田中さん、小林さん、
　　　今度の 週末、予定が 入って いますか。

田中：いいえ、別に 何も ありません。

チェ：だったら、一緒に 出かけませんか。

小林：ええ、いいですよ。行きましょう。

チェ：じゃ、海は どうですか。

田中：海? わあ、楽しそう。行こう、行こう。

小林：おかしも 持って 行きましょうか。

田中：うん、いいね。

チェ：飲み物は 私が 用意します。
　　　では、日曜日の 朝9時ごろ、家まで
　　　迎えに 行きますね。

小林、田中：わかりました。楽しみに しています。

문법알기

1 동사의 て형

동사가 조사「て」에 접속할 때의 형태를 '동사의 て형'이라고 한다. '~하고, ~해서, ~하며'의 뜻이며, 한 동작을 마치고 다른 동작으로 옮길 때, 원인과 이유를 나타낼 때, 병렬이나 대비, 수단과 방법을 나타낼 때 쓰인다.

동사 종류	기본형	활용법	동사의 예시
1 그룹	書く 쓰다 泳ぐ 헤엄치다 行く 가다	く → いて ぐ → いで	書く → 書いて 泳ぐ → 泳いで 行く → 行って (예외)
	会う 만나다 待つ 기다리다 帰る 돌아가다	う つ → って る	会う → 会って 待つ → 待って 帰る → 帰って
	死ぬ 죽다 遊ぶ 놀다 読む 읽다	ぬ ぶ → んで む	死ぬ → 死んで 遊ぶ → 遊んで 読む → 読んで
	話す 말하다 貸す 빌려주다	す → して	話す → 話して 貸す → 貸して
2 그룹	起きる 일어나다 見る 보다 食べる 먹다 寝る 자다	어간+て ます형과 같음	起きる → 起きて 見る → 見て 食べる → 食べて 寝る → 寝て
3 그룹	来る 오다 する 하다	ます형과 같음	来る → 来て する → して

図書館へ 行って 本を 読みます。 도서관에 가서 책을 읽습니다.
友だちに 会って うれしいです。　친구와 만나 기쁩니다.
私は 勉強して 妹は 遊びます。

나는 공부를 하고 여동생은 놉니다.

地下鉄に 乗って 学校へ 行きます。

지하철을 타고 학교에 갑니다.

2

~て います　~하고 있습니다

◉ 어떤 동작이 계속 진행중인 것을 나타낸다.

木村さんは テレビを 見て います。

기무라씨는 텔레비전을 보고 있습니다.

雨が 降って います。　비가 오고 있습니다.
今、何を して いますか。 지금 무엇을 하고 있습니까?

◉ 어떤 동작이 이루어진 결과가 유지되고 있는 상태를 나타낸다.

木村さんは 結婚して います。 기무라씨는 결혼했습니다.
私は 彼女を 知って います。　나는 그녀를 알고 있습니다.
鈴木さんは 東京に 住んで います。

스즈키씨는 동경에 살고 있습니다.

毎日 おいしい ケーキを 作って います。

　　　　　　　　매일 맛있는 케익을 만들고 있습니다.

イさんは 大学で 働いて います。

　　　　　　　　이○○씨는 대학에서 일하고 있습니다.

コンビニで 雑誌を 売って います。

　　　　　　　　편의점에서 잡지를 팔고 있습니다.

3 ~ましょう　~합시다 / ~ましょうか　~할까요?

「~ましょう」는 제안이나 권유, 승락을 나타낼 때 쓰는 표현이며, 「~ましょうか」는 상대의 의향을 물어 볼 때 사용하는 표현이다.

ちょっと 休みましょう。　　　　　　좀 쉽시다.

また、来週 会いましょう。　　　　　또, 다음 주에 만납시다.

A : 一緒に お茶でも 飲みましょうか。　같이 차라도 마실까요.

B : はい、飲みましょう。　　　　　　네, 마십시다.

4 ~ませんか　~하지 않겠습니까?

「ます」의 부정형 「~ません」에 「か」를 붙여 권유를 나타낸다.

コーヒーでも 飲みませんか。　커피라도 드시지 않겠습니까.

ちょっと 休みませんか。　　좀, 쉬지 않겠습니까.

安いですね。もう 一つ 買いませんか。

싸네요. 하나 더 사지 않겠습니까.

5 ~に 行きます　~하러 갑니다 / ~に 来ます　~하러 옵니다

동사의 ます형 뒤에 「に」가 오면 목적을 나타내며, '~(하)러'의 뜻이 된다.

会いに 行きます。　　　　만나러 갑니다.

買いに 行きます。　　　　사러 갑니다.

遊びに 来ます。　　　　　친구가 놀러 옵니다.

Ｔｉｐ

「장소 に(へ) 行きます」는 이동을 나타낸다.

・学校に(へ) 行きます。　　・会社に(へ) 行きます。

단어

うれしい	기쁘다	乗る	타다	雨	비	降る	내리다
結婚する	결혼하다	住む	살다	作る	만들다	働く	일하다
休む	쉬다	会う	만나다	飲む	마시다	~でも	~라도

01 보기와 같이 바꾸어 보세요.

> ║보기║
> ご飯を 食べる → ご飯を 食べて います。

① バスに 乗る   → ____________________

② 雑誌を 読む   → ____________________

③ 友だちと 話す   → ____________________

④ 名前を 知る   → ____________________

⑤ 大阪に 住む   → ____________________

02 보기와 같이 바꾸어 보세요.

> ║보기║
> お茶を 飲む
> → お茶を 飲みませんか。 / お茶を 飲みましょう。

① ドラマを 見る   → __________/__________

② 電話を かける   → __________/__________

③ 旅行に 行く   → __________/__________

④ タクシーを 呼ぶ → __________/__________

⑤ ちょっと 休む   → __________/__________

03 보기와 같이 바꾸어 보세요.

> ┃보기┃
>
> 会う/行く → 会いに 行きます。

① パソコンを 買う/行く

→ _______________________________

② 勉強する/図書館へ 行く

→ _______________________________

③ 映画を見る/行く

→ _______________________________

④ 友だちが 遊ぶ/来る

→ _______________________________

단어 ✎

名前 이름   呼ぶ 부르다

01 ( )안의 동사를 적당한 형태로 바꾸어 써 넣으세요.

① 兄は＿＿＿＿＿＿＿＿＿います。　　　　　　　　　　（結婚する）

② 父は 会社で＿＿＿＿＿＿＿＿＿います。　　　　　　　（働く）

③ 私は 今、ソウルに＿＿＿＿＿＿＿＿＿います。　　　　（住む）

④ 小林さんの 住所を＿＿＿＿＿＿＿＿＿います。　　　　（知る）

⑤ 田中さんは ケータイを＿＿＿＿＿＿＿＿＿います。　　（持つ）

⑥ 白い セーターを＿＿＿＿＿＿＿＿＿います。　　　　　（着る）

⑦ デパートへ＿＿＿＿＿＿＿＿＿、買い物を＿＿＿＿＿＿＿＿＿。（行く、する）

02 다음 보기와 같이 주어진 단어로 대답하세요.

```
┌─────────────────────────────── ‖보기‖ ─┐
  どこへ 行きますか。 （本屋 / 雑誌 / 買う）
  → 本屋へ 雑誌を 買いに 行きます。
└──────────────────────────────────────┘
```

① どこへ 行きますか。 （映画館 / 映画 / 見る）

　→ ＿＿＿＿＿＿＿＿＿＿＿＿＿＿＿＿＿＿＿＿＿＿

② どこへ 行きますか。 （図書館 / 本 / 借りる）

　→ ＿＿＿＿＿＿＿＿＿＿＿＿＿＿＿＿＿＿＿＿＿＿

③ どこへ 行きますか。 （レストラン / ご飯 / 食べる）

　→ ＿＿＿＿＿＿＿＿＿＿＿＿＿＿＿＿＿＿＿＿＿＿

④ だれが 来ますか。 （友だち / 遊ぶ/来る）

　→ ＿＿＿＿＿＿＿＿＿＿＿＿＿＿＿＿＿＿＿＿＿＿

 다음 보기와 같이 질문에 대답하세요.

> ‖ 보기 ‖
>
> A：お茶を 飲みませんか。
> B：はい、飲みましょう。

① A：また、会いませんか。

  B：はい、＿＿＿＿＿＿＿＿＿＿＿＿＿＿＿＿＿＿

② A：もう、帰りませんか。

  B：はい、＿＿＿＿＿＿＿＿＿＿＿＿＿＿＿＿＿＿

③ A：タクシーに 乗りませんか 。

  B：はい、＿＿＿＿＿＿＿＿＿＿＿＿＿＿＿＿＿＿

④ A：ちょっと 休みませんか。

  B：はい、＿＿＿＿＿＿＿＿＿＿＿＿＿＿＿＿＿＿

⑤ A：公園へ 行きませんか。

  B：はい、＿＿＿＿＿＿＿＿＿＿＿＿＿＿＿＿＿＿

起きる お							
見る み							
食べる た							
寝る ね							
来る く							
働く はたら							
予定 よ てい							
海 うみ							
名前 な まえ							
番号 ばん ごう							
結婚 けっ こん							

일본문화상식

일본인의 거절표현

대학선배로부터 MT와 관련하여 준비해야 할 것을 부탁받았다. 그런데 당신은 지금 학교 과제와 아르바이트로 바빠서 솔직히 하기 싫을 때 당신은 어떤 표현으로 거절하는가?

「やりたくありません」"하기싫어요"   「できません」"못해요"

「無理です」"무리에요"   「嫌です」"싫어요"

본심이 하기 싫어서 "하기 싫어" 라고 상대방에게 전하는 것은 당연할지도 모른다. 그러나 일본에서 이런 직접적인 표현은 상대방의 기분을 상하게 할 수도 있다. 이럴 때 일본인은 다음과 같은 거절 표현을 사용한다.

「それは ちょっと」"그건 좀"   「ちょっと 難しいです」"좀 어렵겠습니다"

「考えて おきます」"생각해 보겠어요"   「ちょっと 厳しいです」"좀 힘들 것 같습니다"

일본사람은 「それは ちょっと(그건 좀)」나 「その 話は どうも(그 이야기는 아무래도)」와 같이 말끝을 흐리며 확실한 의사 표시를 하지 않고 애매한 대답을 하거나, 「考えてみます(생각해보겠어요)와 같이 결단을 미루는 말을 사용하는 경우가 많다. 이럴 때에는 상대방에게 결단을 내리도록 재촉하지 않는 편이 좋다.

第13과 | お刺身が食べてみたいです。

何が 食べたいですか。

お刺身が 食べて みたいです。

ノートに 書いて ください。

トイレに 行っても いいですか。

はい、どうぞ。

단어

お刺身	회	トイレ	화장실	そろそろ	슬슬
コチュジャン	고추장	~けど	~지만	おしょう油	간장
~たい	~하고 싶다	~て みたい	~해 보고 싶다	~て ください	~하세요
気持ちいい	기분좋다	お腹が 空く	배가 고프다	つけて(つける)	찍어서
~ても いいですか	~해도 좋습니까?				

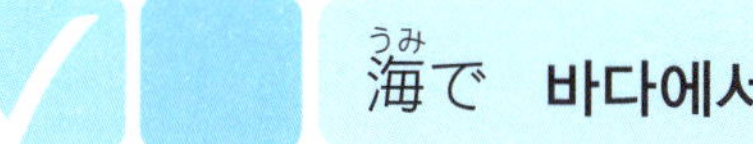 

海で　バダエソ

田中：やっぱり、海へ　来て　よかったですね。

チェ：そうですね。ああ、気持ちいい。

小林：ところで、お腹が　空きませんか。

　　　　そろそろ、昼ご飯に　しましょうか。

チェ：何が　食べたいですか。

小林：私は　韓国の　お刺身が　食べて　みたいです。

田中：それは　いいね。

食堂で　식당에서

チェ：お刺身に　コチュジャンを　つけて　食べて　ください。

小林：おいしいけど、辛いですね。

　　　　おしょう油に　つけて　食べても　いいですか。

チェ：はい、どっちでも　いいですよ。

문법알기

1. ~たい　~하고 싶다

「동사의 ます형+たい」형태로 자신의 희망에 대해 말 할 때 사용한다.

ちょっと 休みたいです。　　좀 쉬고 싶습니다.

また、来週も 会いたいです。다음 주에 또 만나고 싶습니다.

水が 飲みたいです。　　　　물을 마시고 싶습니다.

2. ~て みる　~해 보다 / ~て みたい　~해 보고 싶다

「~て みる」는 결과에 흥미를 갖고 시험적으로 행동한다는 의미이다. 「~て みたい」는 자신의 희망에 대해 말 할 때 사용하는 표현이다.

今、行って みます。　　　지금 가 보겠습니다.

もう一度、話して みます。한 번 더 말해보겠습니다.

他の人の 意見も 聞いて みたいです。

　　　　　　다른 사람의 의견도 들어보고 싶습니다.

日本へ 行って みたいです。일본에 가보고 싶습니다.

3 ~て ください　～하세요

「동사의 て형＋ください」는 상대방에게 부탁이나 권유를 할 때 사용하는 표현이지만, 가벼운 명령 표현이 될 수도 있으니 사용할 때 주의가 필요하다.

コーヒーでも 飲んで ください。	커피라도 드세요.
ちょっと 休んで ください。	좀, 쉬세요.
ノートに 書いて ください。	노트에 쓰세요.
口を 開けて ください。	입을 벌리세요.

4 ~けど　～지만

「けど」는 전후문장의 대비나 역접관계를 나타낸다.

本は 読むけど、勉強は しません。
　　　　책은 읽지만 공부는 하지않습니다.

掃除は しますけど、洗濯は しません。
　　　　청소는 합니다만 빨래는 하지 않습니다.

いちごケーキは 好きだけど、チーズケーキは 嫌いです。
　　　　딸기케익은 좋아하지만 치즈케익은 싫어합니다.

~ても いいですか ~해도 좋습니까?

「동사의 て형＋もいいです」는 상대방에게 '~해도 괜찮다', '~해도 좋다'라는 허가를 나타내는 표현이다. 의문조사 「か」가 오면 상대방의 의향을 묻는 표현이 된다. 「~ては いけません」은 부정 표현으로 '~해서는 안 됩니다'를 쓴다.

トイレに 行っても いいです。　화장실에 가도 괜찮습니다.

鉛筆で 書いても いいですか。　연필로 쓰도 됩니까?

A : 今週は 休んでも いいですか。　이번 주는 쉬어도 좋습니까?

B : はい、休んでも いいです。　네, 쉬어도 좋습니다.

A : ここで 写真を 撮っても いいですか。

　여기서 사진을 찍어도 괜찮습니까?

B : いいえ、撮っては いけません。

　아니오, 사진을 찍어서는 않됩니다

단어

もう 一度	한번 더	他の人	다른사람	意見	의견
口	입	開ける	벌리다	掃除する	청소하다
洗濯する	빨래하다	嫌い(だ)	싫어하다	写真	사진
撮る	(사진을) 찍다				

01 보기와 같이 바꾸어 보세요.

> ┃보기┃
>
> うめぼしを 食べる
> → うめぼしを 食べて みます。

① バスに 乗る

→ _______________________________________

② 日本語の 雑誌を 読む

→ _______________________________________

③ 彼と 話す

→ _______________________________________

④ ピアノを 弾く

→ _______________________________________

⑤ 日本の 音楽を 聞く

→ _______________________________________

⑥ 先生と 会う

→ _______________________________________

02 보기와 같이 바꾸어 보세요.

> ‖보기‖
>
> 日本酒を 飲む
> → 日本酒を 飲んで みたいです。

① 焼きそばを 作る

→ ___________________________

② 新幹線に 乗る

→ ___________________________

③ 京都へ 行く

→ ___________________________

④ 歌を 歌う

→ ___________________________

⑤ 温泉に 入る

→ ___________________________

03 보기와 같이 바꾸어 보세요.

‖보기‖

日本語を 教える
→ 日本語を 教えて ください。

① 写真を 撮る

→ ____

② 話を 聞く

→ ____

③ 辞書を 貸す

→ ____

④ 薬を 飲む

→ ____

⑤ もう 一度、説明する

→ ____

⑥ 遊びに 来る

→ ____

04 보기와 같이 바꾸어 보세요.

> ┃보기┃
>
> 風呂に 入る
> → 風呂に 入っても いいですか。

① 買い物に 行く

　→ ______________________________________

② 海で 泳ぐ

　→ ______________________________________

③ 会社を 休む

　→ ______________________________________

④ タバコを 吸う

　→ ______________________________________

⑤ 車を 運転する

　→ ______________________________________

단어

うめぼし	매실 장아찌	ピアノ	피아노	弾く	치다
日本酒	일본술	京都	교토(지명)	薬	약
説明	설명	新幹線	신칸센(일본고속철도)		
風呂に 入る	목욕하다	温泉に 入る	온천을 하다	歌う	(노래를)부르다
買い物	쇼핑	タバコを 吸う	담배를 피우다		

01 보기와 같이 바꾸어 보세요.

> ‖보기‖
>
> 彼（かれ）と（話（はな）す）みたいです。
>
> → 彼（かれ）と 話（はな）して みたいです。

① この 歌（うた）を（聞（き）く）みたいです。

　　→ この 歌（うた）を＿＿＿＿＿＿＿＿＿＿＿みたいです。

② 夏休（なつやす）みに 東京（とうきょう）へ（行（い）く）みたいです。

　　→ 夏休（なつやす）みに 東京（とうきょう）へ＿＿＿＿＿＿＿＿＿＿みたいです。

③ すしを（食（た）べる）みたいです。

　　→ すしを＿＿＿＿＿＿＿＿＿＿＿みたいです。

④ 日本（にほん）の 小説（しょうせつ）を（読（よ）む）みたいです。

　　→ 日本（にほん）の 小説（しょうせつ）を＿＿＿＿＿＿＿＿＿みたいです。

⑤ 海（うみ）で（泳（およ）ぐ）みたいです。

　　→ 海（うみ）で＿＿＿＿＿＿＿＿＿＿＿みたいです。

02 다음 보기와 같이 물음에 대답하세요.

> ‖보기‖
>
> パソコンを 使っても いいですか。(はい / いいえ)
>
> → はい、使っても いいです。
>
>   いいえ、使っては いけません。

① この 雑誌を もらっても いいですか。　(はい)

→ ____

② 窓を 開けても いいですか。　　　　　(いいえ)

→ ____

③ 友だちを 呼んでも いいですか。　　　(はい)

→ ____

④ タバコを 吸っても いいですか。　　　(いいえ)

→ ____

03 다음 보기에서 알맞은 말을 골라 밑줄에 써넣으세요.

> ‖보기‖
>
> けど　　　でも　　　たい　　　みたい

① テレビは 見る___________、ニュースは 見ません。

② 日本語で 話して___________です。

③ 何か 食べ___________ですか。

④ どっち___________いいですよ。

意見 い　けん						
掃除 そう　じ						
洗濯 せん　たく						
日本酒 に　ほん　しゅ						
新幹線 しん　かん　せん						
家族 か　ぞく						
薬 くすり						
説明 せつ　めい						
写真 しゃ　しん						
風呂 ふ　ろ						
買い物 か　もの						

제14과 ┃ お台場へ行ったことがあります。

日本へ 遊びに 行く つもりです。

お台場へ 行った ことが ありますか。

二年前に 友だちと 行きました。

残念ですが、ありませんね。

渋谷へ 行って みた ほうが いいですよ。

단어

遊びに	놀러	渋谷	시부야(지명)	芝生	잔디
おすすめ	권장, 추천	う～ん	음	もちろん	물론
去年	작년	観覧車	관람차, 유람차	でも	그렇지만
～った とき	～(했)을 때	花火	불꽃	とても	무척, 매우
遊覧船	유람선	ぜひ	꼭, 반드시	お台場	오다이바(지명)
～た ことが あります	～한 적이 있습니다.		～つもり	～할 작정, 생각
残念ですが	아쉽지만			よかったですよ	좋았답니다
～た ほうが いいですよ	～하는 것이 좋아요	～みたい	～해보고 싶다.
ゆりかもめ	유리카모메(일본의 무인 자동전철)				

チェ：夏休みに 東京へ 行く つもりですが、

　　　おすすめは どこですか。

小林：東京ですか。う~ん、お台場は どうですか。

田中：いいね、お台場。

チェ：田中さんと 小林さんは お台場へ 行った ことが

　　　ありますか。

田中：もちろんです。去年、彼女と 行きました。

チェ：彼女と 観覧車に 乗った ことが ありますか。

田中：いいえ、残念ですが、ありません。

　　　でも、彼女と 行った とき、花火を 見ました。

　　　とても よかったですよ。

小林：あ、ゆりかもめや 遊覧船にも 乗って みた ほうが

　　　いいですよ。

チェ：ぜひ お台場へ 行って みたいですね。

문법알기

1 동사의 た 형

동사 종류	기본형		활용	동사의 예시
1 그 룹	書く 泳ぐ 行く	쓰다 헤엄치다 가다	く → いた ぐ → いだ	書く → 書いた 泳ぐ → 泳いだ 行く → 行った (예외)
	会う 待つ 帰る	만나다 기다리다 돌아가다	う つ → った る	会う → 会った 待つ → 待った 帰る → 帰った
	死ぬ 遊ぶ 読む	죽다 놀다 읽다	ぬ ぶ → んだ む	死ぬ → 死んだ 遊ぶ → 遊んだ 読む → 読んだ
	話す 貸す	말하다 빌려주다	す → した	話す → 話した 貸す → 貸した
2 그 룹	起きる 見る 食べる 寝る	일어나다 보다 먹다 자다	어간+て ます형과 같음	起きる → 起きた 見る → 見た 食べる → 食べた 寝る → 寝た
3 그 룹	来る する	오다 하다	ます형과 같음	来る → 来た する → した

2 ~た ことが ある　~한 적이 있다
~た ことが ない　~한 적이 없다【경험】

경험을 나타낼 때 동사에 「~た ことが ある」를 붙여 사용한다. 경험이 없을 때에는 「~た ことが ない」(「~た ことが ありません」)이다.

アメリカへ 行った ことが あります。

미국에 간 적이 있습니다.

ゆりかもめに 乗った ことが あります。

유리카모메를 탄 적이 있습니다.

漢字を 書いた ことが あります。

한자를 쓴 적이 있습니다.

くじらは 見た ことが ないです。

고래는 본적이 없습니다.

そんな ことは 話した ことが ありません。

그런 것은 말 한 적이 없습니다.

3 ~た とき ~한 때, ~을 때

「동사의 た형＋명사」의 형태로 뒤에 오는 명사를 수식해 '~한 때, ~을 때'이라는 뜻이 된다.

日本へ 行った とき、カメラを 買いました。

일본에 갔을 때에 카메라를 샀습니다.

温泉に 行った とき、旅館に 泊まりました。

온천에 갔을 때 여관에 묵었습니다.

手紙を 読んだ とき、涙が 出ました。

편지를 읽었을 때 눈물이 났습니다.

今日 見た アニメは とても おもしろかったです。

오늘 본 애니매이션은 매우 재미있었습니다.

4

~た ほうが いいです   ~하는 편이 좋아요, ~게 좋아요

「~た ほうが いいです」는 '~하는 편이 좋다'는 뜻으로 상대방에게 권유, 권장 할 때 쓰이는 표현이다.

朝ごはんは 食べた ほうが いいです。

아침밥은 먹는 편이 좋아요.

東京タワーを 見た ほうが いいです。

도쿄타워를 보는 편이 좋습니다.

彼女に 会った ほうが いいです。

그녀는 만나는게 좋겠어요.

> **Tip**
>
> 「ほう」는 ~쪽, ~편으로 양자택일, 즉 둘 중 하나를 선택할 경우 어느 한 쪽을 선택함을 의미한다. 동사는 반드시 「た형」에 접속하므로 주의한다.

5

つもり　~할 작정이다, ~할 예정이다

「つもり」는 미리 품고 있는 생각이나 작정, 의도, 예정들을 말한다. 동사의 사전형에 접속한다.

彼女に 会う つもりです。　　　그녀를 만날 예정입니다.

字を きれいに 書く つもりです。　글자를 깨끗하게 쓸 생각입니다.

海で 泳ぐ つもりです。　　　　바다에서 수영을 할 작정입니다.

アメリカ	미국	漢字	한자	くじら	고래	温泉	온천
旅館	여관	いつも	언제나, 늘	朝ごはん	아침밥	東京タワー	도쿄타워
字	글자, 문자			そんな こと	그런 일, 그런 적		
泊まる	묵다, 체재하다						

01 다음 동사를 보기와 같이 바꾸어 보세요.

> ‖보기‖
>
> 飲む → (飲んだ)

① 帰る → (   )   ② 遊ぶ → (   )

③ 来る → (   )   ④ 起きる → (   )

⑤ 出る → (   )   ⑥ 焼く → (   )

⑦ 通う → (   )   ⑧ 案内する → (   )

02 밑줄 친 부분을 보기와 같이 바꾸어 연습해 보세요.

> ‖보기‖
>
> すしを 食べます。
> → すしを 食べた ことが あります。

① ゆかたを 着ます。 → ゆかたを＿＿＿＿＿＿＿＿＿＿＿

② 大阪へ 行きます。 → 大阪へ＿＿＿＿＿＿＿＿＿＿＿

③ 電話で 予約します。 → 電話で＿＿＿＿＿＿＿＿＿＿＿

④ 歌舞伎を 見ます。 → 歌舞伎を＿＿＿＿＿＿＿＿＿＿＿

⑤ 富士山に 登ります。 → 富士山に＿＿＿＿＿＿＿＿＿＿＿

⑥ 中国語を 習います。 → 中国語を＿＿＿＿＿＿＿＿＿＿＿

03 （　　）안의 동사를 적당한 형태로 바꾸어 보세요.

① 寒いです。窓を（閉める→　　　　　）ほうが いいです。

② 温泉に（入る→　　　　　）ほうが いいです。

③ 毎日、運動を（する→　　　　　）ほうが いいです。

④ 狭い 道です。ゆっくり（歩く→　　　　　）ほうが いいですよ。

⑤ 鈴木さんは 韓国語が 上手では ありませんから ゆっくり

　　（話す→　　　　　）ほうが いいです。

⑥ お母さんに 電話を（かける→　　　　　）ほうが いいですよ。

04 다음 밑줄 친 곳에 보기와 같이 넣어 보세요.

‖ 보기 ‖

<u>ホテルを 予約する</u> つもりです。

① 学校へ 行く　　　② 旅行を する　　　③ 魚を 焼く

④ ソウルを 案内する　　　⑤ 友だちと 遊ぶ

단어 🖉

焼く	굽다	通う	다니다	案内する 안내하다	すし 초밥
予約	예약	歌舞伎	가부키	習う 배우다	魚 생선
閉める	닫다	登る	오르다	道 길	
ゆかた 유카타, 일본전통 옷				ゆっくり 푹, 천천히	お母さん 어머니

01 다음 보기와 같이 그림을 보고 바꾸어 연습해 보세요.

> ‖ 보기 ‖
>
> 渋谷へ 行きます。（はい）
> → A：渋谷へ <u>行った ことが ありますか</u>。
> 　 B：<u>はい、あります</u>。
>
> 渋谷へ 行きます。（いいえ）
> → A：渋谷へ <u>行った ことが ありますか</u>。
> 　 B：<u>いいえ、ありません</u>。

<보기>	①	②	③	④	⑤

① お台場に 行きます。　　　（はい / いいえ）

② 富士山に 登ります。　　　（はい / いいえ）

③ すしを 食べます。　　　（はい / いいえ）

④ 中国語を 習います。　　　（はい / いいえ）

⑤ 日本の 映画を 見ます。　（はい / いいえ）

02 다음 보기와 같이 대화를 만들어 보세요.

> ‖ 보기 ‖
>
> お腹が 痛い / 病院へ 行く
> A：お腹が 痛いです。
> B：病院へ 行った ほうが いいですよ。

① 漢字は 難しい / たくさん 書く

A：______________________________

B：______________________________

② 日本語が 下手です / 毎日 勉強する

A：______________________________

B：______________________________

③ 家族旅行に 行く / 早く ホテルの 予約を する

A：______________________________

B：______________________________

④ 今日は 寒い / 温泉に 入る

A：______________________________

B：______________________________

⑤ 明日は 試験 / 勉強する

A：______________________________

B：______________________________

去年 きょねん								
観覧車 かんらんしゃ								
残念だ ざんねん								
花火 はなび								
遊覧船 ゆうらんせん								
漢字 かんじ								
旅館 りょかん								
案内 あんない								
温泉 おんせん								
魚 さかな								
予約 よやく								

일본문화상식

동경의 명소 오다이바

お台場(だいば)는 동경만이 한 눈에 내려다 보이는 아름다운 인공섬이다. 이국적 풍경의 해안도시로 호텔, 쇼핑타운, 테마파크와 같은 상업 시설은 물론, 바다가 한 눈에 내려다 보이는 최고의 주거 시설, 도요타 자동차 전시장, NTT와 같은 오피스와 기업이 한데 자리잡고 있다. 탁 트인 태평양 바다에 걸려 있는 환상적인 레인보우 브릿지는 오다이바의 명물이다.

많은 남녀들의 데이트 장소로 손 꼽히는 이곳 오다이바에서는 한 여름 밤에는 화려한 불꽃놀이 축제가 열려 많은 이들의 더위를 식혀주기도 한다.

최신식 교통시설인 유리카모메(ゆしかもめ, 기관사가 열차에 타지 않고 중앙 관제실에서 운행을 하는 무인 전동 열차)와 도쿄만을 바다에서 바라 볼 수 있는 유람선, 다양한 놀이시설(아쿠아 시티,세계 최대 관람차), 온천 시설(오오에도온센모노가타리), 쇼핑시설(팔레트 타운·비너스포트), 전시장(도쿄빅사이트·일본 과학 미래관·배 과학관·TOYOYA 자동차 전시장 등) 은 물론 자유의 여신상, 해상공원 등이 있어 다양하고 풍부한 먹거리, 놀거리, 볼거리를 제공해 동경에서는 빼놓을 수 없는 관광지로 자리매김하고 있다.

Go! Go! 日本語

초급

문형·연습해답

제3과　교실표현과 인사말

연습해봅시다!

01　① おはよう。　② 失礼します。　③ こんばんは。　④ さようなら。　⑤ おやすみなさい。

제4과　専攻は日本語です。

문형다지기

01　① 私は 韓国人 です。　② 私は キムです。
　　③ 私は 田中 です。　④ 私は アメリカ人 です。
　　⑤ 私は 会社員 です。

02　① そうです。　② ちがいます。　③ そうです。　④ ちがいます。　⑤ そうです。

03　① 日本語です。　　　　　　　② ゲームです。
　　③ 二年生です。

04　① 小林さんは 学生です。田中さんも 学生です。
　　② チンさんは 会社員です。ブラウンさんも 会社員です。
　　③ イさんは 二年生です。田中さんも 二年生です。
　　④ キムさんは 韓国人です。チェさんも 韓国人です。

연습해봅시다!

01　① アメリカ人　② なん　③ アメリカ人　④ 学生/日本人　⑤ 先生/中国人

02　① は　② は、か　③ の　④ も

03　はじめまして。
　　わたしは キムです。
　　韓国大学の 学生です。
　　どうぞよろしく おねがいします。

제5과　これは私のケータイです。

문형다지기

01　① それは 新聞です。
　　② それは ノートです。
　　③ それは ペンです。
　　④ それは いすです。
　　⑤ それは 机です。

02　① あの 人は 田中さんです。
　　② あの 人は トムさんです。
　　③ あの 人は キムさんです。
　　④ あの 人は 鈴木さんです。
　　⑤ あの 人は チンさんです。

03　① A : この 鉛筆は 誰のですか。
　　　 B : それは 高橋さんのです。
　　② A : この ケータイは誰のですか。
　　　 B : それは 鈴木さんのです。
　　③ A : この 自転車は 誰のですか。
　　　 B : それは イさんのです。
　　④ A : この 眼鏡(めがね)は 誰のですか。
　　　 B : それは 田中さんのです。
　　⑤ A : この 電子辞書は 誰のですか。
　　　 B : それは パクさんのです。

04　① A : あの いすはアンナさんのですか。
　　　 B : いいえ、あれは アンナさんのじゃ ありません。
　　② A : あの 電話は 田中さんのですか。
　　　 B : いいえ、あれは 田中さんのじゃ ありません。
　　③ A : あの 自転車は 鈴木さんのですか。
　　　 B : いいえ、あれは 鈴木さんのじゃ ありません。
　　④ A : あの 犬は マイクさんのですか。
　　　 B : いいえ、あれは マイクさんのじゃ ありません。
　　⑤ A : あの 鉛筆は デュポンさんのですか。
　　　 B : いいえ、あれは デュポンさんのじゃ ありません。

연습해봅시다!

01　A : それは 何ですか。
　　B : これは ケータイです。

A：<ruby>誰<rt>だれ</rt></ruby>のですか。
B：ぼくのです。

A：それも ケータイ ですか。
B：いいえ、これは ケータイじゃ ありません。

A：<ruby>何<rt>なん</rt></ruby>ですか。
B：<ruby>電子辞書<rt>でん し じ しょ</rt></ruby>です。

A：あなたのですか。
B：いいえ、わたしのじゃ ありません。<ruby>田中<rt>た なか</rt></ruby>さんのです。

02　A：あの<ruby>人<rt>ひと</rt></ruby>は <ruby>誰<rt>だれ</rt></ruby>ですか
　　B：あの<ruby>人<rt>ひと</rt></ruby>は <ruby>木村<rt>き むら</rt></ruby>さんです。

　　A：<ruby>木村<rt>き むら</rt></ruby>さんは <ruby>韓国人<rt>かん こく じん</rt></ruby>ですか
　　B：いいえ、<ruby>韓国人<rt>かん こく じん</rt></ruby>じゃ ありません。<ruby>日本人<rt>に ほん じん</rt></ruby>です。

03　A：それは <ruby>何<rt>なん</rt></ruby>ですか。
　　B：これは カメラです。

　　A：カメラは <ruby>誰<rt>だれ</rt></ruby>のですか。
　　B：<ruby>鈴木<rt>すず き</rt></ruby>さんのです。

04　① <ruby>鈴木<rt>すず き</rt></ruby>さんのです。
　　② はい、<ruby>鈴木<rt>すず き</rt></ruby>さんのです。
　　③ はい、<ruby>田中<rt>た なか</rt></ruby>さんのです。
　　④ いいえ、(<ruby>田中<rt>た なか</rt></ruby>さんのじゃ ありません。) 　さんのです。

05　① これは わたしの ケータイです。
　　② それは <ruby>何<rt>なん</rt></ruby>ですか。
　　③ あの <ruby>眼鏡<rt>めがね</rt></ruby>は <ruby>田中<rt>た なか</rt></ruby>さんのです。
　　④ この <ruby>電子辞書<rt>でん し じ しょ</rt></ruby>も わたしのです。
　　⑤ その <ruby>時計<rt>と けい</rt></ruby>は <ruby>鈴木<rt>すず き</rt></ruby>さんのじゃ ありません。

문형다지기

01 ①　はい、おいしいです。
　　②　いいえ、やさしくありません。
　　③　はい、広いです。
　　④　いいえ、よくなかったです。
　　⑤　はい、楽しかったです。

02 ①　彼女は 若くて かわいいです。
　　②　この バッグは 安くて いいです。
　　③　日本の おかしは 甘くて おいしいです。
　　④　あの 人は 背が 高くて 髪が 長いです。
　　⑤　先生は やさしくて 明るいです。

03 ①　「となりのトトロ」は 楽しい アニメです。
　　②　「冬のソナタ」は おもしろい ドラマです。
　　③　マッコリは おいしい お酒です。
　　④　今日は いい 天気です。
　　⑤　彼女は やさしい 人です。

04 ①　勉強は 難しいですが、おもしろいです。
　　②　大学の 食堂は 狭いですが、おいしいです。
　　③　韓国の 生活は 忙しいですが、楽しいです。
　　④　この カメラは 小さいですが、高いです。

연습해봅시다!

01 ①　はい、おいしいです。
　　②　いいえ、重くないです。
　　③　はい、新しいです。
　　④　いいえ、やさしくないです。

02 ①　(とても)　②　(が)　③　(すこし)　④　(やさしい)　⑤　(どう)

03 ①　はい、よかったです。
　　②　いいえ、おもしろくなかったです。
　　③　はい、広かったです。
　　④　いいえ、寒かったです。

04 ①　日本語は すこし 難しいです。
　　②　田中さんは 優しくて 背が 高いです。

③ すしは おいしい 日本料理です。
④ この 携帯は 高くありません。

문형다지기

01　① はい、好きです。
　　② いいえ、簡単じゃ ありません。
　　③ いいえ、暇じゃ ありません。
　　④ はい、上手でした。
　　⑤ いいえ、親切じゃ ありませんでした。

02　① 彼女は きれいで かわいいです。
　　② この かばんは 便利で 丈夫です。
　　③ この 問題は 複雑で 難しいです。
　　④ あの 医者は まじめで おとなしいです。
　　⑤ あの 歌手は 有名で ハンサムです。

03　① 「となりの トトロ」は 有名な アニメです。
　　② その 店員は 親切な 人です。
　　③ マッコリは 好きな お酒です。
　　④ 日本語が 上手な イさんです。
　　⑤ 音楽が 好きな 人です。

04　① 便利で 簡単な ケータイです。
　　② まじめで 親切な人です。
　　③ 有名で おいしい 食べ物です。
　　④ 静かで 明るい 部屋です。

연습해봅시다!

01　① はい、<u>親切</u>です。
　　② いいえ、<u>暇では</u> ありませんでした。
　　③ はい、<u>便利</u>です。
　　④ いいえ、<u>有名では</u> ありません。
　　⑤ あまり、<u>静かでは</u> ありませんでした。

02　① (で)　② (が)　③ (が)　④ (で)　⑤ (で)

03　① 日本の アニメが とても 好きです。
　　② 田中さんは 親切で まじめです。

③ 新しい ケータイは 便利ですが、高いです。
④ 日本語は あまり 上手じゃ ありません。
⑤ 京都は 静かで、きれいな 都市でした。

第8과　テーブルの上にメニューがあります。

문형다지기

01　① テーブルの 上に 本が あります。
　　② テーブルの 上に 雑誌が あります。
　　③ テーブルの 上に 眼鏡が あります。
　　④ テーブルの 上に ケータイが あります。
　　⑤ テーブルの 上に お茶が あります。

02　① 店の 前に 小林さんが います。
　　② 店の 前に 鈴木さんが います。
　　③ 店の 前に キムさんが います。
　　④ 店の 前に チェさんが います。
　　⑤ 店の 前に 山田さんが います。

03　① 机は あります。いすは ありません。
　　② ノートは あります。鉛筆は ありません。
　　③ かばんは あります。カメラは ありません。
　　④ キムさんは います。チェさんは いません。
　　⑤ 山田さんは います。斎藤さんは いません。

04　① コーヒーと お茶が あります。
　　② パソコンと ケータイが あります。
　　③ ペンと 鉛筆が あります。
　　④ ブラウンさんと チンさんが います。
　　⑤ 犬と ねこが います。

05　① 図書館の 横に 大きな家が あります。
　　② 図書館の 右に 大きな家が あります。
　　③ 図書館の 左に 大きな家が あります。
　　④ 図書館の 後ろに 大きな家が あります。
　　⑤ 図書館の 外に 大きな家が あります。

연습해봅시다!

01　① あります。　　② います。　　③ あります。　　④ あります。　　⑤ います。

第9과　いちごケーキはいくらですか。

문형다지기

01 ① A：ドーナツは いくらですか。
　　 B：ドーナツは にせんさんびゃくウォンです。
　 ② A：電子辞書（でんしじしょ）は いくらですか。
　　 B：電子辞書（でんしじしょ）は じゅうきゅうまんにせんウォンです。
　 ③ A：コーヒーは いくらですか。
　　 B：コーヒーは さんびゃくじゅうえんです。
　 ④ A：車(自動車)（くるま・じどうしゃ）は いくらですか。
　　 B：車(自動車)（くるま・じどうしゃ）は ひゃくはちじゅうまんえんです。
　 ⑤ A：くつは いくらですか。
　　 B：くつは さんぜんろっぴゃくえんです。

02 ① ピザ／てんぷら／スパゲッティ は どうですか。
　　 牛乳（ぎゅうにゅう）／ビール／お茶（ちゃ）は どうですか。
　　 りんご／もも／すいかは どうですか。
　 ② ピザ／てんぷら／スパゲッティに します。
　 ③ 牛乳（ぎゅうにゅう）／ビール／お茶（ちゃ）に します。
　 ④ りんご／もも／すいかに します。

03 ① コーヒーを ください。
　 ② オムライスを ください。
　 ③ みかんを ください。
　 ④ ドーナツを ください。
　 ⑤ にんじんを ください。

연습해봅시다!

01 ① A：ドーナツを 四つ（よっ） ください。
　　 B：全部（ぜんぶ）で きゅうせんろっぴゃくウォンです。
　 ② A：雑誌（ざっし）を 五冊（ごさつ） ください。
　　 B：全部（ぜんぶ）で せんえんです。
　 ③ A：かさを 三本（さんぼん） ください。
　　 B：全部（ぜんぶ）で さんぜんえんです。
　 ④ A：自転車（じてんしゃ）を 二台（にだい） ください。
　　 B：全部（ぜんぶ）で よんじゅうよんまんウォンです。

⑤　A：かばんを 六つ ください。
　　B：全部で じゅうにまんウォンです。

02　①　アイスクリームは どうですか。
　　②　デジカメは どうですか。
　　③　牛乳は どうですか。
　　④　トンカツは どうですか。
　　⑤　赤いかばんは どうですか。

03　①　A：お食事は 何に しますか。
　　　　B：ラーメンに します。
　　②　A：お昼は 何に しますか。
　　　　B：カレーライスに します。
　　③　A：飲み物は 何に しますか。
　　　　B：ビールに します。
　　④　A：果物は 何に しますか。
　　　　B：ももに します。
　　⑤　A：食べ物は 何に しますか。
　　　　B：ケーキに します。

第10課　学園祭はいつですか。

문형다지기

01　①　4時30分です。
　　②　7時15分です。
　　③　12時です。
　　④　9時20分です。
　　⑤　6時3分です。

02　①　A：テストは いつですか。
　　　　B：あさってです。
　　②　A：日本語の 授業は いつですか。
　　　　B：毎週 水曜日です。
　　③　A：休みは いつですか。
　　　　B：今週の 木曜日です。
　　④　A：コンサートは いつですか。
　　　　B：来月の 24日です。

03　①　A：ゴールデンウィークは いつから いつまでですか。
　　　　B：4月29日から 5月5日までです。
　　②　A：郵便局は いつから いつまでですか。

B：月曜日から　金曜日までです。
③　A：コンサートは　いつから　いつまでですか。
　　B：7時から　8時半までです。

04　①　A：スーパーは　何時から　何時までですか。
　　　　B：午前10時から　午後9時までです。
　　②　A：病院は　何時から　何時までですか。
　　　　B：午前10時30分から　午後7時までです。
　　③　A：銀行は　何時から　何時までですか。
　　　　B：9時から　4時半までです。

연습해봅시다!

01　①　5月4日です。
　　②　5月5日です。
　　③　11月3日です。
　　⑤　1月1日です。

02　①　(スーパーは)午前10時から　午後8時までです。
　　②　(郵便局は)月曜日から　金曜日までです。
　　③　(ゴールデンウィークは)4月29日から　5月8日までです。

제11과　図書館で勉強しますか。

문형다지기

01　①　聞きます　　　　聞きません　　　　聞きますか
　　②　遊びます　　　　遊びません　　　　遊びますか
　　③　投げます　　　　投げません　　　　投げますか
　　④　運動します　　　運動しません　　　運動しますか
　　⑤　来ます　　　　　来ません　　　　　来ますか

02　①　家で　勉強します。
　　②　日本で　旅行します。
　　③　デパートで　買い物します。
　　④　レストランで　食事します。

03　①　新聞を　読みます。
　　②　楽しい時間を　過ごします。
　　③　タクシーを　降ります。
　　④　上を　見ます。

04　① ラジオを 聞きながら 勉強します。
　　② 本を 読みながら 歩きます。
　　③ 電話を しながら 料理を します。
　　④ 話しながら 運転します。

연습해봅시다!

01　① いいえ、運動しません。
　　② はい、見ます。
　　③ いいえ、過ごしません。
　　④ いいえ、食べません。
　　⑤ はい、聞きます。

02　① 話しながら 料理します。
　　② 電話しながら パソコンをします。
　　③ コーヒーを 飲みながら ドラマを 見ます。
　　④ 歌いながら 走ります。

제12과　週末、予定が入っていますか。

문형다지기

01　① バスに 乗って います。
　　② 雑誌を 読んで います。
　　③ 友だちと 話して います。
　　④ 名前を 知って います。
　　⑤ 大阪に 住んで います。

02　① ドラマを 見ませんか。　　／　ドラマを 見ましょう。
　　② 電話を かけませんか。　　／　電話を かけましょう。
　　③ 旅行に 行きませんか。　　／　旅行に 行きましょう。
　　④ タクシーを 呼びませんか。　／　タクシーを 呼びましょう。
　　⑤ ちょっと 休みませんか。　／　ちょっと 休みましょう。

03　① パソコンを 買いに 行きます。
　　② 勉強しに 図書館へ 行きます。
　　③ 映画を 見に 行きます。
　　④ 友だちが 遊びに 来ます。

01 ① 兄は 結婚して います。
② 父は 会社で 働いて います。
③ 私は 今、ソウルに 住んで います。
④ 小林さんの 住所を 知って います。
⑤ 田中さんは ケータイを 持って います。
⑥ 白いセーターを 着て います。
⑦ デパートへ 行って、買い物を します。

02 ① 映画館へ 映画を 見に 行きます。
② 図書館へ 本を 借りに 行きます。
③ レストランへ 食事に 行きます
④ 友だちが 遊びに 来ます。

03 ① はい、会いましょう。
② はい、帰りましょう。
③ はい、乗りましょう。
④ はい、休みましょう。
⑤ はい、行きましょう。

제13과 お刺身が 食べてみたいです。

문형다지기

01 ① バスに 乗ってみます。
② 日本語の 雑誌を 読んでみます。
③ 彼と 話してみます。
④ ピアノを 弾いてみます。
⑤ 日本の 音楽を 聞いてみます。
⑥ 先生と 会ってみます。

02 ① 焼きそばを 作って みたいです。
② 新幹線に 乗って みたいです。
③ 京都へ 行って みたいです。
④ 歌を 歌って みたいです。
⑤ 温泉に 入って みたいです。

03 ① 写真を 撮って ください。
② 話を 聞いて ください。
③ 辞書を 貸して ください。
④ 薬を 飲んで ください。

⑤ もう 一度、説明して ください。
⑥ 遊びに 来て ください。

04 ① 買い物に 行っても いいですか。
② 海で 泳いでも いいですか。
③ 会社を 休んでも いいですか。
④ タバコを 吸っても いいですか。
⑤ 車を 運転しても いいですか。

연습해봅시다!

01 ① 聞いて　② 行って　③ 食べて　④ 読んで　⑤ 泳いで

02 ① はい、もらっても いいです。
② いいえ、開けては いけません。
③ はい、呼んでも いいです。
④ いいえ、吸っては いけません。

03 ① けど　② みたい　③ たい　④ でも

제14과　お台場へ行ったことがあります。

문형다지기

01 ① 帰った　　② 遊んだ　　③ 来た　　④ 起きた　⑤ 出た
⑥ 焼いた　　⑦ 通った　　⑧ 案内した

02 ① ゆかたを 着たことが あります。
② 大阪へ 行ったことが あります。
③ 電話で 予約を したことが あります。
④ 歌舞伎を 見たことが あります。
⑤ 富士山に 登ったことが あります。
⑥ 中国語を 習ったことが あります。

03 ① 閉めた　② 入った　③ した　④ 歩いた　⑤ 話した　⑥ かけた

04 ① 学校へ 行く つもりです。
② 旅行を する つもりです。
③ 魚を 焼く つもりです。
④ ソウルを 案内する つもりです。
⑤ 友だちと 遊ぶ つもりです。

01 ① A：お台場に 行ったことが ありますか。　A：お台場に 行ったことが ありますか。
　　　 B：はい、あります。　　　　　　　　　　 B：いいえ、ありません。

② A：富士山に 登ったことが ありますか。　A：富士山に 登ったことが ありますか。
　　 B：はい、あります。　　　　　　　　　　 B：いいえ、ありません。

③ A：すしを 食べたことが ありますか。　　A：すしを 食べたことが ありますか。
　　 B：はい、あります。　　　　　　　　　　 B：いいえ、ありません。

④ A：中国語を 習ったことが ありますか。　A：中国語を 習ったことが ありますか。
　　 B：はい、あります。　　　　　　　　　　 B：いいえ、ありません。

⑤ A：日本の 映画を 見たことが ありますか。　A：日本の 映画を 見たことが ありますか。
　　 B：はい、あります。　　　　　　　　　　　 B：いいえ、ありません。

02 ① A：漢字は 難しいです。
　　　 B：たくさん 書いたほうが いいですよ。

② A：日本語が 下手です。
　　 B：毎日 勉強したほうが いいですよ。

③ A：家族旅行に 行きます。
　　 B：早く ホテルの 予約を したほうが いいですよ。

④ A：今日は 寒いです。
　　 B：温泉に 入ったほうが いいですよ。

⑤ A：明日は 試験です。
　　 B：勉強したほうが いいですよ。

Go! Go! 日本語 초급

초판인쇄   2012년 2월 20일
초판발행   2012년 3월 05일

저   자   최순애, 성윤아, 니노카미 마사미치
발 행 인   윤석현
발 행 처   제이앤씨
등   록   제7-220호

주   소   132-040 서울시 도봉구 창동 624-1 현대홈시티 102-1206
전   화   (02) 992-3253(代)
팩   스   (02) 991-1285
전자우편   jncbook@hanmail.net
홈페이지   http://www.jncbook.co.kr
책임편집   이신
일러스트   변아롱

ISBN   978-89-5668-893-0   13730   정가 13,000원